| 多维人文学术研究丛书 |

汉字语音认知研究

孔令跃 | 著

中国书籍出版社
China Book Press

图书在版编目（CIP）数据

汉字语音认知研究/孔令跃著. —北京：中国书籍出版社，2020.1

ISBN 978－7－5068－7688－9

Ⅰ.①汉… Ⅱ.①孔… Ⅲ.①汉语—语音—研究 Ⅳ.①H11

中国版本图书馆 CIP 数据核字（2019）第 291156 号

汉字语音认知研究

孔令跃　著

责任编辑	李小蒙　刘　娜
责任印制	孙马飞　马　芝
封面设计	中联华文
出版发行	中国书籍出版社
地　　址	北京市丰台区三路居路 97 号（邮编：100073）
电　　话	（010）52257143（总编室）　（010）52257140（发行部）
电子邮箱	eo@chinabp.com.cn
经　　销	全国新华书店
印　　刷	三河市华东印刷有限公司
开　　本	710 毫米×1000 毫米　1/16
字　　数	170 千字
印　　张	14.5
版　　次	2020 年 1 月第 1 版　2020 年 1 月第 1 次印刷
书　　号	ISBN 978－7－5068－7688－9
定　　价	89.00 元

版权所有　　翻印必究

序

　　令跃发来他的新著的电子文稿，希望我审读并做序。看罢书稿，我欣然答应。2003年我在香港大学工作时认识了令跃，那时他刚从北京过来读博士，我们有缘在一个实验室工作。他当时从教育心理学方向由研究动机情绪转向研究语言认知。在新的研究领域，他的勤奋努力和专注投入是我很欣赏的。他也在短时间内就很快掌握了语言认知研究的理论和方法，并提出了新颖的研究设计，完成了多个实验，在字词阅读的语音加工这个心理语言学的经典难题上迈出了新的一步。后来我到香港中文大学教书，2007年收到他的博士论文初稿，惊喜地看到了这些极有价值的结果。博士后期间，令跃深化了博士论文的主题，进一步探究了汉字语音认知加工的神经机制，获得了诸多有价值的发现。一系列的脑电研究，都获得了丰硕的成果，多篇论文发表在外文学术刊物上，深入揭示了汉字语音加工与脑电波P200成分之间的复杂关系。作为汉语语言认知研究领域的一个新兵，令跃在几年之间不仅取得了不俗的研究成果，而且也勤于思考整理，终于形成面前这本著作。对于他的进步我由衷感到欣慰。

　　在汉语认知研究方面，汉字语音加工的认知研究缺乏系统性。这本书系统梳理了词汇语音认知研究的理论、方法及相关文献，使读者能全面了解该领域国内外的研究概貌。结合理论和研究问题，书中又报告了一系列的行为和 ERP 研究，进一步深化我们对这些问题的认识。作为令跃这些年来在该领域所取得的科研成果的汇总，本书体系完整，理论与实证研究结合得当。相信本书定能对认识汉语语音认知加工这一重要问题产生启示，对从事汉语词汇认知研究的同行、学生也都会是极好的参考。目前令跃在北京大学对外汉语教育学院教书育人，也从事汉语作为二语教学和二语习得方面的研究。正如他书中所说，对汉语母语的深入研究一定有助于对外汉语教学方面的研究。从这个角度看，令跃的书其实是填充一个重要的空白，价值不菲。当然，书中也可能存在着不尽如人意的地方，但瑕不掩瑜。我衷心希望他能继续深化这方面的研究，取得更好的研究成果，期待着他能在汉语认知研究和汉语作为二语教学的结合方面取得更大的突破和成就。

张学新

记于香港

前　言

国外语言认知研究自心理语言学学科正式形成以来已蓬勃发展了六七十年，其关于词汇语音认知的研究相当全面、深入。相比之下，国内汉语认知研究在最近二十多年才有较大发展，很多理论和方法均借鉴自国外该领域的研究，汉语词汇认知研究的各个方面都还有待深化，比如对汉语词汇语音认知的研究。此外，目前汉语作为母语的汉语词汇认知研究较多，但汉语作为二语或外语的词汇认知研究还很少。随着对外汉语教育事业的飞速发展，对外汉语教学，尤其是汉字教学和习得需要了解二语学习中字词学习的心理过程和认知加工规律，以提高汉字教学的效率。这亟待汉语作为二语学习方面的认知研究。母语为汉语的词汇认知研究的深化将有助于汉语作为二语的认知研究，为对外汉语教学的理论和实践提供更多的科学依据。

目前国内心理学界已经出版了多本汉语认知研究方面的专著，内容丰富，涉及词汇研究的很多方面，但尚未有专门研究汉语词汇语音的认知加工的专著。本书作为汉字语音认知的专项研究，是长期致力于这一方面研究的一个系统性的工作总结，是在作者博士论文的基础上经过较大补充修改而成。作者2008年在香港大学以英文提交了博士论文，其后又完成多项相关研究，其中一些发表于国外学术刊物上。本书把这些发表的论文收录进来，翻译成中文，在标题、格式和行文方面进行了必要的调整。参考文献列在书后，以保持全书行文和逻辑统一。

  本书前两章全面回顾了国外语言认知研究领域关于词汇语音认知研究的理论、方法及相关研究成果，总结了汉语文字系统的特点和国内本领域的研究现状、成果和争鸣。这些内容既为作者的一系研究提供了理论和方法基础，也使读者对国内外词汇语音认知研究有一个整体把握。第三章介绍三个基于行为反应时指标的实验研究，探讨汉字语音在语义通达中的作用这一词汇语音认知研究的核心问题。第四至六章分别介绍三个汉字语音认知加工的以脑电（ERP）技术为手段的神经科学研究。第三至六章共包括12个行为和脑电研究，每个研究都详细介绍方法和结果，方便读者深入了解，也为同行和学生进一步探索提供参考资料。最后第七章的总论部分结合对外汉语教学，对汉字语音认知研究的多个方面做进一步的探讨。

  汉字语音认知研究是一个难度很大的研究课题。本书专注于此课题，优势在于能系统、深入介绍相关理论，并以系列实验来集中探讨几个核心问题；不足之处也在此，因为专所以研究面显得不够宽泛。但"术有专攻"，希望本书能够起到抛砖引玉，为今后本领域的相关研究提供参考的作用。本人知识能力有限，书中一定还有很多纰漏和错误之处，真诚希望读者对不足之处批评指正。本书可供心理语言学、语言认知、对外汉语教学及应用语言学领域内对语言认知研究感兴趣的师生或研究者参考使用。

目　录
CONTENTS

绪　论 ··· 1

第一章　词汇语音认知研究的理论与方法 ······················ 7

第一节　英语词汇语音认知研究的理论 ························· 7

一、视觉直通观点 ·· 8

二、语音中介假设 ·· 9

三、双通道理论 ··· 18

第二节　不同正字法中的语音认知研究理论 ················· 26

一、正字法深度假设 ··· 28

二、普遍直通假设 ·· 31

三、普遍语音原则 ·· 32

第三节　词汇语音认知研究的实验方法 ······················· 34

一、行为反应时法 ·· 34

二、神经科学方法 ·· 36

第四节　拼音文字词汇语音认知的 ERP 研究……………… 51

第二章　汉字语音的认知研究………………………………… 54
第一节　汉语书写系统的独特性…………………………… 54
第二节　汉语视觉词汇语音认知研究……………………… 56
　一、汉字形音信息激活时程研究………………………… 56
　二、使用语义判断相关任务的研究……………………… 60
　三、使用 Stroop 任务的研究……………………………… 62
　四、使用语音中介启动范式的研究……………………… 66
　五、汉字语音认知脑机制的 ERP 研究…………………… 69

第三章　汉字语义激活中语音作用的研究…………………… 73
第一节　汉字语义激活中语音作用的 Stroop 范式研究…… 73
　实验一……………………………………………………… 74
　实验二……………………………………………………… 77
　实验三……………………………………………………… 83
第二节　语音在汉字语义通达中的作用…………………… 89
　实验一……………………………………………………… 91
　实验二……………………………………………………… 95
第三节　汉字语音与同音字激活…………………………… 100
　实验一……………………………………………………… 102
　实验二……………………………………………………… 108
　实验三……………………………………………………… 111

第四章 汉字语音和语义激活时序的 ERP 研究 ……… 117
　　一、方法 ……… 122
　　二、ERP 记录 ……… 123
　　三、ERP 数据分析 ……… 124
　　四、结果 ……… 125
　　五、讨论 ……… 131

第五章 汉字语音加工与 P200 研究 ……… 135
　　一、方法 ……… 137
　　二、ERP 记录 ……… 139
　　三、ERP 数据分析 ……… 140
　　四、结果 ……… 142
　　五、讨论 ……… 143

第六章 汉字字形和亚词汇语音加工与 P200 研究 ……… 147
　　实验一 ……… 149
　　实验二 ……… 155

第七章 总论 ……… 162
　　一、汉语合成词语音认知加工问题 ……… 164
　　二、跨语言词汇阅读中语音的作用 ……… 166
　　三、汉语词汇研究在跨语言词汇研究及其理论发展中的作用 ……… 168
　　四、汉字语音认知加工研究与汉语词汇教学 ……… 168

参考文献 …………………………………………………………… 173

附录1 …………………………………………………………… 202
附录2 …………………………………………………………… 205
附录3 …………………………………………………………… 208
附录4 …………………………………………………………… 210
附录5 …………………………………………………………… 213
附录6 …………………………………………………………… 215
附录7 …………………………………………………………… 217

绪 论

语言学家把语言看成一个符号系统，包含语音、词汇、句子、语法等一系列的层次结构。心理学家则更侧重研究语言活动的心理规律及其加工机制问题。关于语言的认知研究，早在实验心理学建立之初就得到了关注，随着语言学家乔姆斯基对行为主义语言学的系统批判及心理语言学学科的正式建立更是步入研究繁荣时期。心理语言学作为认知科学研究领域的一部分，研究个体如何理解、习得和产出语言的过程，重在探索语言知识运用所涉及的认知过程及跟语言有关的大脑机制。在阅读理解、听力理解、口语语言产出和书面语言产出等基本的语言认知活动中，阅读理解过程是心理语言学研究中最多最深入的领域。本书所论及的主题，汉字语音认知即属于阅读理解研究领域，得到了深入、广泛的研究。

阅读理解是从书面刺激中获取意义的过程，也就是说，从阅读的词汇中获得意思。还没有学会阅读的儿童借助于语音的作用来理解他们听到的话语。但是，在儿童学会阅读并成为熟练阅读者之后，语音是不是仍是获得意义的唯一途径就不太清楚。如果是，成人熟练阅读过程就如同儿童一样，是通过听语音获得意义：书面词汇首先被翻译成词汇的语音形式，然后通过语音的中介作用才能获得词汇的意义。另一种可能是成人熟练阅读者心理词典（mental lexicon）中已经形成了一个独立的正字法词典（orthographic lexicon），因此他们的阅读可以借助于形义之间的直接联系进行，即词汇的意义是通过对视觉字形的解码直接获得而不需要语音的参与，也不需要借助于语音中介。这一假设意味着阅读中单词加工的语音信息可以忽略不用，它在成人熟练阅读中不起作用。

阅读过程中语音的作用的问题是自阅读心理学诞生以来最核心的一个理论问题，一百多年来一直处于争论的中心（例如，Huey, 1908, 1968）。这一研究问题具有极其重要的实践与应用价值。首先，通过对成人熟练阅读者的研究，能揭示词汇识别的认知加工机制，使我们理解熟练阅读过程，为如何进行阅读教学提供理论基础（例如，Rayner, Foorman, Perfetti, Pesetsky, & Seidenberg, 2001）。其次，对这一问题的研究也能揭示语音在初学阅读中的重要性。大量研究证据表明初学阅读时学习者使用词汇语音信息（例如，Liberman & Shankweiler, 1985），也表明语音意识是早期阅读发展的重要因素（参考 Adams, 1990 的详细文献回顾），更表明语音的表征质量（the quality of phonological representations）与阅读成就之间有极强的关系（例如，Snowling, 1991）。这方面最有力的证据主要来自以下的研究，即研究表明儿童的语音结构的知识能够预测儿童数年后的阅读成就（例如，Bradley & Bryant, 1983; Lundberg, Olofsson, & Wall, 1980）。最后，证据也表明语音加工缺陷是阅读能力较差（poor reading）的核心原因（core cause）（例如，Stanovich & Siegel, 1994）。

而视觉单词识别中语音在词义通达中的作用是争论的核心问题（例如，Carr & Pollatsek, 1985; Frost, 1998; Rayner & Pollatsek, 1989; Seidenberg & McClelland, 1989; Taft & van Graan, 1998）。关于单词识

别，阅读心理学中有大量相关的研究，它是指心理词典中的单词词形表征被单词的知觉分析激活，然后这些激活扩散到单词的语义特征上的一种加工过程（例如，Gazzaniga, Ivry, & Mangun, 2002）。单词的词义如何被通达并从心理词典中提取出来是一个始终充满争论的问题。在源自拼音文字语言——英语的大量研究中，关于语音在单词阅读中的作用这一核心问题上，通常有三种不同观点，它们对于语音在单个词语理解中的作用持完全不同的看法。

直通观点（the direct access view）强调词汇语义通达中视觉信息的重要作用。它认为单词语音不起作用（例如，Baron, 1973; McClelland & Rumelhart, 1981; Paap, Newsome, McDonald, & Schvaneveldt, 1982; Smith, 1983）。语音中介假设（phonological mediation hypothesis）认为单个单词的阅读理解完全以单词语音为中介进行（例如，Frost, 1998; Lukatela & Turvey, 1994a; Lukatela & Turvey, 1994b; Van Orden, Johnston, & Hale, 1988）。第三种观点是双通道理论（dual route theory，例如，Baron & Strawson, 1976; Carr & Pollatsek, 1985; M. Coltheart, 1978; 见 Seidenberg, 1995 相关文献的详细回顾）。该理论认为词汇和非词汇的语音通路都可以用于词汇识别时的语义通达，但词汇通道是熟练阅读中最主要和重要的通路。

从20世纪80年代以来，单词阅读过程中语音作用这一问题的研究开始扩展到更多的拼音语言和非拼音语言中去。比如，印欧语言与表意语言（如汉语）。越来越多的新发现推动了词汇识别和语音加工理论的进展，几个解释词汇加工的跨语言理论，如正字法深度假设（orthographic depth hypothesis），普遍视觉直通假设（universial direct access view）和普遍语音原则（universial phonological principle）有较大的影响。这些理论试图对跨语言的研究发现进行解释，并建立某种普遍通用的理论模型。这方面的研究进一步揭示了单词识别中与语言特性有关的特异性加工，反过来也进一步丰富了视觉词汇识别理论。

使用认知神经科学的研究方法和手段，如脑电（ERP）或功能磁共振（fMRI），对语言加工进行研究，探索语言加工的脑机制是当前语言研究的热点所在。这方面的研究除了揭示语言加工的脑认知机制，更为行为范式下的语言认知加工理论提供新的证据，并推动其深入发展。单词识别中语音加工的认知神经科学研究从一开始就是研究者关心的核心问题。认知神经科学的研究已经揭示了词汇语音加工的诸多脑机制，如其脑加工的 ERP 时程标志，相关的加工脑区等，这些结果为源自行为研究的相关语音加工理论提供了更坚实的证据。关于单词语音加工的早期激活时程的研究（如 P200）是这一领域内的一个重要的研究问题，但是拼音文字的相关研究至今没有得出一个一致的结论，关于 P200 与单词识别早期形音信息加工的关系还有待深入探索。

汉语常被认为是一种素音节文字，具有许多不同于其他语言文字的独特语言特征。这些独特语言特征是否影响汉字语音加工，是否导致汉语汉字的认知加工在某些方面不同于其他语言文字的认知加工是研究者普遍关心的问题。因此进行汉语研究，并与其他语言认知研究进行比较目前得到国际上各国学者的重视。围绕视觉汉字词汇识别过程中的语音认知加工已经出现了大量研究，对语音加工的很多方面都开始有了较深入的了解，比如，单词的规则性和一致性效应，形声字声旁的独立性效应，汉字语音的自动激活，语音的激活时序和语音在语义通过中的作用，等等。但是语音在汉语单词语义激活中的作用是目前争议最大的问题，还没有一致结论，还需要更多的研究来检验汉语词汇识别中与汉语正字法有关的特异性加工（例如，Hoosain，1991；Chen & Shu，2001；Xu，Pollatsek，&potter，1999；Zhou & Marslen - Wilson，1999；Zhou，Shu，Bi，& Shi，1999）。另外一方面，关于汉字语音加工的脑机制的研究也还不够深入（例如，Kong et al.，2010），相关的研究还不多。一个关于中文本质的最新进展是张学新提出的汉字拼义理论（2011）。该理论提出中文是强调义基（基本意义单位）和义基组合的视觉文字，同本质为听觉语言的拼音文字双极对立。一个新发现的中文特有的脑电波 N200 也表明中文视觉词汇识别涉及一个早期的视觉加工成分，对拼义理论认为汉字是视觉文字的关键结论提供了强有力的支持（张学新等，2012）。这些成果对汉字语音加工过程的研究具有极大启发意义，但还有待更多的考察。

本书内容大致划分为四个部分，主要是关于语音在汉字语音通达中的作用及其激活脑机制这两个方面的系统研究报告。第一部分包括绪论和前二章，是单词语音认知加工的研究背景介绍。绪论部分简要介绍语音认知加工研究（主要是语音在词汇语义通达中的作用）的背景、核心的研究问题和现状。第一章详细介绍单词语音在单词语义通达中的作用的研究理论和研究方法（包括常用的行为范式、眼动和 ERP 等技术手段），包括英语与跨语言研究的三种主要观点，ERP 的基本知识、拼音文字单词识别中语音加工的前期 ERP 指标方面的相关研究等。第二章详细介绍中文词汇方面的研究。首先介绍中文书写系统的一些重要特性，然后回顾相关的中文实证研究，包括行为与 ERP 方面的研究。第二部分为第三章，是汉字识别中语音作用的一系列行为实证研究，分三节报告。第一节报告一个关于汉字语义激活中语音作用的 Stroop 范式研究（Stroop study），使用三个实验来探讨汉字语义通达中语音激活的必要性和作用。第二节进一步探讨汉字语义激活中语音的作用，使用另一个广为研究者采用的实验范式，即语音中介的语义启动范式，该范式可以为汉字语义通达中语音的作用提供直接的证据。第三节探索了汉字语音是否能够激活所有同音字，在此基础上探讨影响汉字语义通达中语音作用的一些因素。这一系列三个研究的结果为我们的结论，即汉字语义可以沿两条通路并行通达，但语音通路不起主要作用的结论提供充足证据。第三部分包括四至六章，报告三个汉字语音加工的 ERP 研究，分三章论述。第四章报告汉字识别中汉字语音信息与语义信息的激活时程问题。第五章报告汉字语音加工（包括汉字语音音节与韵成分）与脑电成分 P200 的关系。第六章报告汉字正字法和亚字词语音加工与脑电成分 P200 的关系。一系列 ERP 研究既揭示了汉字语音加工的时程问题，为我们关心的汉字语音在语义通达中的作用提供进一步的证据，同时也揭示了汉字识别早期语音加工的脑机制。第四部分（第七章）是总论，对前述章节中所有研究进行总结，并结合对外汉语教学对相关的研究进行深入探讨。

第一章

词汇语音认知研究的理论与方法

目前词汇识别中语音的认知研究已经在许多方面都获得了较大进展，尤其是单词的规则性和一致性效应，语音的自动激活和语音的激活时序，以及语音在语义通达中的作用等问题上都有大量研究。语音的脑机制研究虽然得到了诸多研究者重视，但相对而言在研究数量和深度上还存在着不足。汉字语音在汉字语义通达中的作用及其激活脑机制研究属于词汇语音认知研究这一领域，需要对相关的研究背景有所了解。词汇识别的科学研究起源于英语词汇研究，本章首先回顾英语词汇识别中语音作用的重要理论和相关的研究方法，并概述相关的视觉词汇语音脑机制研究。

第一节　英语词汇语音认知研究的理论

在英语词汇识别研究的文献中，语音在单个词汇理解中的作用是一个极具争论的问题。虽然研究众多，但迄今为止仍没有比较令人完全信服的证据，无法得出一个比较一致的结论。这里首先介绍目前这一问题上的三种主导性理论观点。

一、视觉直通观点

单词识别早期的研究工作导致产生了一种被广泛接受的观点——视觉直通观点（Direct Access View）。这种观点认为单词的意义可以直接通过单词的视觉表征获得，不需要语音的参与（例如，Baron，1973；Becker，1976，1980；Brown，1987；Doctor & Coltheart，1980；Johnson，1975；McClelland & Rumelhart，1981；Paap, Newsome, McDonald, & Schvaneveldt，1982；Rumelhart & Siple，1974；Smith，1973）。根据这一观点，语音不起作用的原因是单词识别过程中语音解码这一额外的中介步骤需要更多的运算，所以熟练单词识别主要使用直接的视觉通路。Harm 和 Seidenberg（2004）在他们的回顾文章中总结了支持与反对这一理论的证据和相关的论据。

论据来自英语正字法①的三个方面。第一，英语中有大量的同音词。语音解码会导致音义之间的对应不清楚。但在从视觉表征到字义的直接计算中这种模糊对应就不存在。第二，英语正字法中的拼写与读音之间的对应高度复杂。比如，单词 MINT 和 PINT 中的"INT"发音完全不一样。对于初学阅读者来说，通过掌握这些复杂且对应不一致的拼读规则是非常无效的。最后，根据信号检测理论，Smith（1973）指出两步骤的解码过程（从正字法到语音，然后从语音到语义）比直接从正字法到语义的解码过程要慢得多。因此，熟练阅读一定依赖直接通达。

但是这一观点也面临着许多问题。在英语中，正字法代表语音。许

---

① 正字法可以定义为"使文字的拼写合于标准的方法"（《语言与语言学词典》，上海辞书出版社，1981）。

多研究者认为在英语的语音和正字法之间有着极强的连接，但在正字法和语义之间的联结却比较随意（例如，Van Orden, Johnston, & Hale, 1988），这就导致在语义激活过程中语音起着重要作用。这一观点得到了许多支持，最重要的证据来自发现语音自动激活，且在熟练文本阅读中及单词理解中一定起作用的多个研究中（例如，Lesch & Pollatsek, 1993; Perfetti, Bell, & Delaney, 1988; Van Orden et al, 1988）。

二、语音中介假设

语音中介假设（Phonological Mediation Hypothesis）认为视觉单词识别是一个从拼写到语音再到语义的过程，这个过程类似于口语单词识别过程（例如，Van Orden, 1987）。根据语音中介假设，单词的前词汇语音[①]在词汇通达之前快速激活，进而激活所有的对应于这一音码的词汇条目。比如，像视觉单词 dough 能激活所有与 bread 和 deer 相关的词条（e. g. dough 和 doe）。

单词理解中的语音中介假设问题至少一直可以追溯到 Huey（1908, 1968）。一百多年前，Huey（1908, 1968, 转引自 McCusker & Hillinger, 1981）指出："毫无疑问，我们所读内容的内部声音或发音，或者两者

[①] 在文献中，前词汇或非词汇语音（prelexical or nonlexial phonology）常用于指借助于拼读规则进行形音转换，在单词的视觉词形（word's visual form）被识别之前产生的语音信息。它被称作前词汇或非词汇语音，主要是因为它的产生基于规则进行，并且独立于心理词汇。它也被称作组合语音（assembled phonology）。组合语音的称谓更强调语音信息是通过把单词的音素（phoneme）进行组合（assembling）而获得这一过程。另一个描述语音如何产生（derived）的概念是词汇语音（lexical phonology），因为语音只能在视觉单词被识别之后才能产生。词汇语音也被叫作寻址语音（addressed phonology），是因为语音只能是视觉单词的正字法单元找到（address）心理词典中对应的单词后才能获得。

都有,是目前为止大多数人日常正常或实际阅读中的一个有机组成部分"("It is perfectly certain that the inner hearing or pronouncing or both, of what is read, is a constituent part of the reading of by far the most people, as they ordinarily and actually read")(pp. 117—118)。这一描述意味着阅读词汇的内部语音可能在阅读中起着重要作用。实际上,许多阅读者都声称他们在阅读时似乎能意识到自己头脑内部的声音。支持语音中介假设的论据,像 Flemming(1993)所回顾的那样,主要体现在以下几个方面:①在人类发展史上,说是一种比阅读更古老的技能;②在英语正字法中,书面符号代表声音,语音被转录成为英语的正字法;③儿童在学习阅读之前已经学习说话,而且他们已经具有很大的词汇量;④如果只用语音这一种语言通达码,对于视听觉两种单词加工来说具有认知上的经济性。

从 Huey(1908,1968)的论述以来,已经有大量的研究对这一假设进行检验,包括各种各样的任务,比如,词汇判断,(例如,Rubenstein, Lewis, & Rubenstein, 1971),语义类属任务(例如,Meyer, Schvaneveldt, & Ruddy, 1974; Van Orden, 1987),语音中介启动任务(例如,Fleming, 1993; Lesch & Pollatsek, 1993),句子核对(例如,Baron, 1973; V. Coltheart, Avons, Masterson, & Laxon, 1991),阅读校对(例如,Jared, Levy, & Rayner, 1999),眼动监控下的阅读(例如,Daneman & Reingold, 2000; Rayner, Pollatsek, & Binder, 1998),等等。但是早期关于语音在阅读中的作用的研究似乎没有提供能够支持语音起中介作用的证据,直到 20 世纪 80 年代初(例如,M. Coltheart, 1980;也见 Frost, 1998 年关于该问题的全面综述;也可参考 Humphreys & Evett, 1985; McCusker, Hillinger, & Bias, 1981 的关于这一问题的

早期综述)。但是，后续的研究发现了新的具说服力的证据，表明单词阅读理解完全受语音中介的调节。也就是说，对于熟练阅读，唯一的从正字法到语义的通路必须借助于语音。这些新发现引发了更多的争议，导致最近30多年内不仅出现大量英语语言研究，也激发大量跨语言研究。下边我们回顾从80年代到目前为止的主要相关研究文献，梳理这方面的研究进展。

(一)使用语义类属任务的实验证据

Van Orden 及其同事认为阅读过程中的单词识别是一个自拼写到语音解码再到语义激活的过程（例如，Van Orden, 1987; Van Orden & Goldinger, 1994; Van Orden et al., 1988; Van Orden, Stone, & Pennington, 1990）。他们使用语义类属判断任务来探索语音中介作用（Van Orden, 1987; Van Orden et al., 1988）。在语义判断任务中，首先给被试呈现一个语义类属范畴名称，如花（flower），然后要求被试尽可能又快又准确地判断随后在电脑屏幕上出现的词，如列（rows）是不是玫瑰花（rose）这个类属范畴的一个正确例子。

在 Van Orden (1987) 的研究中，对类属——例子，如花——玫瑰花（FLOWER—rose）的正确判断是"是（yes）"；对类属——同音词，如花——列（FLOWER—rows）的判断是"否（no）"。根据语音中介假设，如果语义激活的第一步是把视觉单词转化为他们的语音表征，那么同音词，如列（rows）应该能够激活与玫瑰花（rose）和列（rows）相关联系的语义。如果潜在的单词玫瑰花（rose）的意义被激活，那么在判断同音词"列（rows）"不是类属"花（flower）"的正确例子时就不那么容易。Van Orden (1987) 发现被试在对同音词进行反应时产生了大量的错误的正反应。也就是说，他们经常错误地把同音词（如，列/rows）判断为类属例子（如，花/flower）的频次要远超于一个视觉形似词（如，抢劫/robs）。即使在单词呈现时间非常短的时间内也能发现同音效应。根据这些发现，Van Orden（1987）认为语音激活在单词识别的早期阶段很快发生，并用于激活单词语义。

此后，使用非词同音词而不是使用正确的单词，Van Orden 等人（1988）得到了更多的证据。在这一研究中，被试在电脑屏幕上会看到两类刺激词。一种情况下，同音词和正字法控制词都是非词，比如 sute 或者 surt。另一种情况下，同音词和正字法控制词都是真词，像 rows 和 robs。他们发现非词和同音词产生了几乎一样多的错误正反应以及更慢的反应，例如，类属名称如动物（ANIMAL）下的非词例子 sheap 和类属名称花（FLOWER）下的真词同音词例子 rows 产生了相似的错误率。这一相似的错误率表明刺激的熟悉性不在单词加工过程中起作用。

因为这些非词在心理词典中没有对应的表征，所以这些发现表明非词产生的效应一定产生在前词汇阶段。如果真词的语音激活落后于语义激活，那么在同音非词和正字法非词控制词之间不应有错误率上的差异，因为非词只能在他们拼写的基础上来激活类属的正确例子。Van Orden 和他的同事认为这些从同音非词上发现的结果进一步提供了清楚的证据，表明语音在单词理解中起着至关重要的作用（Van Orden et al., 1988; Van Orden et al., 1990）。

即使如此，也有人质疑上述这些结果。质疑主要集中于这些研究的研究方法上（V. Coltheart, Patterson, & Leahy, 1994; Jared & Seidenberg, 1991）。首先，在 Van Orden（1987）的研究中，语义类属基本上都是小的类属。当在实验中看到这类小语义类属名称时，被试可能很容易地预先激活了一小部分最常见的例子，这些预先产生的例子导致了较大的同音效应。比如，在语义范畴任务中，Jared 和 Seidenberg（1991）先呈现一个类属范畴名称，紧接着呈现一个高频词，要求被试判断这一高频词是否是该类属（school employee）的一个范例。他们发现范例的同音词（同样是高频）只会在类属（范畴）名称是一个具体的名称（school employee）时才会产生干扰效应（与控制组相比，更难拒绝范例不属于该类属），而在类属名称是一般意义上的名称时（如 living things，即大类属名称），这种干扰效应就不会发生。然而，对于低频的范例，操纵类属名称的具体性没有产生任何效果。也就是说，当使用大语义类属名称且操控正确的类属例子的频率时，Van Orden（1987）研究中得到的同音效应大幅减少，而且同音效应只限于低频词。基于这些结果，Jared 和 Seidenberg（1991）指出，具体的类属名称能够使其高频范例的语音信息得到预激活。被试在加工"school employee"这样一个具体的类属名称时会使包括"principal"在内的一些高频范例的语音信息的激活水平得以提高，当呈现同音非范例的"principle"时，被试通过对字形的编码获得语音信息，该语音信息又与先前预激活的 principal 的语音信息相匹配，匹配的结果将会提示发出错误判断，即 principle 属于 school employee 的范畴。根据这些发现，Jared 和 Seidenberg 认为单词语音在常用词的语义通达过程中不起重要作用。

第二，V. Coltheart 等人（V. Coltheart et al.，1994）进一步分析了 Van Orden（1987）研究中各类刺激单词的错误反应分布情况。他们发现大多数错误都是产生于一类把 ee 和 ea 互换的同音词上，比如，让被试判断 meet 是否属于类属食物（food）时，被试出现的错误就比较多。相反，几乎很少有错误产生于包括大量辅音字母得到替换的单词上，如 rows 和 rose 上。ee 和 ea 的替换在英语中是一种普通常见的现象和拼写方式。因此，他们认为在 Van Orden 等人（1988）的研究中发现的一些同音效应可能是因为被试未能检测到错误的拼写而导致的。

他们通过改变指导语来进一步检验上述假设（V. Coltheart et al., 1994）。在 Van Orden 等人的一系列研究中，都没有提供清楚的指导语来引导被试避免错误拼写对他们反应的影响（Jared & Seidenberg, 1991；Van Orden, 1987；Van Orden et al., 1988）。首先，通过使用不明确的指导语，且使用与 Van Orden 等人（1988）的研究中同样的刺激单词作为实验材料，V. Coltheart 等人重复得到了 Van Orden 等人（1988）的研究结果。但是，当使用另一组被试，且使用清楚明确的指导语时（如要被试注意单词的拼写），他们发现在假同音词和拼写控制词上，错误的正反应率的差异程度要比同音词和控制词之间的差异程度小得多，虽然这种差异仍然达到显著水平。V. Coltheart 等人（1994）认为当指导语明确时（此种情况下能减少 Van Orden 等人（1988）的研究中发现的同音效应的显著性），单词和非词的同音效应并不相同。

除了这些质疑，语义类属判断任务还存在着另一个最大问题，即它不能回答单词的语义是通过正字法字形获得的还是通过语音间接获得的。Van Orden 及其同事认为玫瑰花（rose）的语义是快速地借助于同音词 rows 或者非词 roze 激活的，所以这两种词导致产生了同样的错误正反应。但是，同样多的错误正反应也可以通过双通道理论来解释。根据双通道理论，单词识别中存在着一条直接从字形到语义的通路。沿着直接通路的语义通达要远远快于借助于语音的间接通路的语义激活。同音词 rows 的语义是直接通达的，它快于 rose 的语义激活，并引发了一个"否定"反应。另一方面，在被试做出最终的反应之前，仍有足够的时间允许同音词 rows 或者同音非词 roze 来借助于语音间接激活 rose

的语义，后者会引发一个"肯定是"的反应。这两种反应相互冲突，所以产生了同样多的错误正反应。总之，使用语义类属任务进行的研究所获得的证据还不能充分证明词汇语义理解一定以语音为中介。

(二) 使用快速启动任务的实验证据

如上所述，语义类属范畴判断任务不能清楚地回答语义是直接还是间接的通达的问题。这一问题可以在使用语音中介启动范式的研究中避免。在这种实验范式中，启动词和目标词并不具有同样的音码。相反，目标词是启动词的同音词的语义关联词。比如，目标词是沙（sand），它的启动词是山毛榉（beech）。而 beech 的同音词是海滩（beach），它与沙（sand）是语义关联词。如果单词的语义最初是通过单词的语音表征激活的，如沙（sand）的意义是通过山毛榉（beech）或者海滩（beach）激活的，那么在语义启动词——目标词上（如 beach‑sand），就能够发现明显的促进启动效应；而且，在语义启动词的同音词与目标词之间（如 beech‑sand）也能发现明显的启动效应。这种启动效应是通过语义启动词的同音词作为中介而产生的。因此它被称为语音中介（的语义）启动效应，它能为单词语义激活中语音的作用提供清楚的证据。

在使用该任务范式进行的一个经典实验研究中，Lesch 和 Pollatsek（1993）使用了四类启动词，分别是合适的启动词（the appropriate，如海滩/beach 对应目标词沙子/sand），同音启动词（the homophonic，如山毛榉/beech 对应目标词沙子/sand），视觉相似启动词（如凳子/bench 对应目标词沙子/sand）和无关词（如液体/fluid）。启动与目标词之间的刺激启动不同步（Stimulus Onset Asynchrony，SOA），不同步的时间设为 50 毫秒或者是 200 毫秒（即 SOA = 50 毫秒或者 200 毫秒）。在启动词消失后，紧随启动词后边出现一个类型掩蔽物，然后让被试对目标字进行命名反应。他们发现合适的启动词（例如 beach）和同音词（例如 beech）在短 SOA 条件下产生了相同的启动效应，但是只有前者的启动效应在长 SOA 条件下仍然存在（也参考 Fleming, 1993）。

  他们根据 Van Orden's (1987) 的词汇识别核证模型（Verification model）来解释所得的结果。根据该模型解释，当一个启动词出现时，不管是合适的启动词还是同音启动词，他们相同的语音表征会被激活，然后语音表征被用于激活与这个语音表征相对应的多个语义表征。所以需要一个额外的核证（spelling check）过程来核对多个语义表征中到底哪一个是与该词的拼写相对应，此时被语音激活的单词的拼写与输入刺激进行比较。核证过程重复进行，按单词的频率高低依次进行核对。先对频率最高的单词进行匹配核对，然后对频率次之的单词进行核对，一直到一个匹配产生（Van Orden, 1987）。在某一个语义被挑选确定之前，这个核证过程一定进行，并一直进行。在他们的任务中，当启动词呈现 50 毫秒，然后出现一个掩蔽物时，这个核证过程就被掩蔽物打断了。此时就没有足够的时间抑制同音启动词如山毛榉/beech 的激活。所以合适的启动词（如 beach）和同音启动词（如 beech）的相同的语音表征可以快速激活并用于通达多个语义表征。这些被激活的语义扩散到其他单词上，包括目标词上（如 sand 上）。目标词与被激活的某一个语义表征共享语义特征，因此目标词就被激活。随后当目标词出现时，对它的反应就被加快了，这也就是语音中介启动效应。相反，当目标词在启动词 200 毫秒后出现时，经过核证过程之后只有合适的启动词仍处于激活状态中，其他的同音词经过拼写检查其激活已经被抑制，所以在合适的启动词的同音词上就不能出现启动效应。这些结果使 Lesch 和

Pollatsek 认为单词的语义是通过单词语音的自动激活获得的。

　　Lesch 和 Pollatsek（1993）的研究在随后 Lukatla 和 Turvey（Lukatela & Turvey，1994a，1994b）等人的研究中得到了进一步验证。Lukatla 和 Turvey 使用相同的任务范式，不同的是他们比 Lesch 和 Pollatsek 使用了更多种类的启动词。在他们的研究中，目标词（如青蛙/frog）被语义相关词（如蟾蜍/toad），或者一个与语义相关词同音的真词（如拖拉/towed），或者一个同音非词（nonword homophonic，tode）启动。Lukatel 和 Turvey（1994a）发现在短 SOA 条件下，三种启动刺激词对目标词的命名产生了一样的启动效应。这一结果表明单词的语义完全是通过单词识别初始阶段的前词汇语音激活的。在 250 毫秒的 SOA 条件下，只有语义相关启动词和非词产生了同样多的启动效应，但是语义相关词的同音真词（例如 towed）没有产生启动效应。不合适的同音真词启动字（例如 towed – frog）只在短 SOA 条件下产生启动效应，这表明单词的语义最初是借助于组合语音激活的，然后在长 SOA 条件下，核证过程中的拼写检查把不合适的同音真词抑制了。因为非词在心理词典中没有相应的表征，所以核证过程无法抑制同音非词的激活。这些结果与 Van Orden 等人（1990）和 Lesch 和 Pollatsek（1993）的发现完全一致。Lukatel 和 Turvey（1994a）认为词汇语义激活完全是通过语音中介实现的。

　　虽然使用语音中介启动效应任务的研究为语音在单词语义激活中的作用提供了令人信服的证据，但是这些结果在某些方面仍是受到质疑。首先，就像 Jared 和 Seidenberg（1991）等人的研究结果显示的一样，启动词的频率是一个重要因素。但是在上述这些研究中，启动词的频率都没有清楚或者系统地给予操控（Lesch & Pollatsek，1993；Lukatela &

Turvey，1994a）。频率操控上的不足使结果上存在着问题。其次，上述这些研究中所有的任务都是命名。直接通达观点的支持者认为，命名实验会偏向使用单词语音，所以在这些研究中发现的启动效应有可能是人为估计出的。而且，即使单词的语义可能在词汇识别中通过一个同音假词快速激活，这也并不意味着正常的阅读也是遵循相同的加工。在正常阅读中，词汇的语义信息仍有可能是通过快速的视觉字形解码直接获得的。最后，在神经心理学研究中发现的双分离现象看起来不支持阅读理解完全以语音为中介（例如，Hanley & McDonnell，1997；Shelton & Weinrich，1997）。看起来语音并不是单词理解中唯一的通路。综合来看，需要找到其他的任务，这种任务能在避免词汇语音偏向使用的前提下发现语音中介的语义激活，从而为语音中介假设提供充分坚实证据。

三、双通道理论

双通道理论（Dual Route Theory），是英语单词识别中被广泛接受的一个理论，自从其提出之时30多年来一直具有广泛的影响力（例如，Carr & Pollatsek，1985；M. Coltheart，1978，1980，2000；Forster & Chambers，1973；Laberge & Samuels，1974；Meyer et al.，1974；Paap，McDonald，Schvaneveldt，& Noel，1987；Patterson & Morton，1985；Seidenberg，1985；Seidenberg & McClelland，1989；Shallice，Warrington，& McCarthy，1983）。研究文献中一般提及两个版本的双通道理论，在理解时应加以区别。第一个版本涉及论述语音音码产生的两种可能通路，即单词的语音既可以通过前词汇语音组合获得，也可以通过正字法字形激活之后的寻址获得。第二个版本涉及论述单词语义通达的两种可能通道。在本书中，我们只讨论后一种理论。

根据双通道理论假设的不同，也有不同的双通道理论或者模型。例如，在 M. Coltheart（M. Coltheart, 1978, 1980）的双通道理论中，认为成人熟练阅读中存在着两条通路，一条是从正字法到语义的直接通路，另一条是语音为中介的间接通路。从正字法到语义的直接通路的激活总是快于非词汇语音间接通路的激活，这是因为第二条通路总是没有足够的加工时间来显示其作用。这一版本的双通道理论最近发展成为一个计算模型，被称为双通路瀑布模型（Dual Route Cascaded model, DRC; Coltheart, Rastle, Perry, Langdon, & Ziegler, 2001），可以通过计算机模拟的方法来研究词汇识别和语音加工。

另一个常见的双通道理论模型常被称为"赛马模型（Horse Race Model）"（例如，Norris & Brown, 1985; Patterson & Morton, 1985）。该模型认为词汇和前词汇通路是独立操作的，比赛中赢得竞争的那匹"马"要受到词汇或组合加工过程的效率等因素的影响。根据赛马模型，词汇通路总是胜者（M. Coltheart & Rastle, 1994）。

所有这些双通道理论或模型都有一些共同的假设。首先，所有的双通道模型假设熟练阅读者具有一个心理词典。心理词典是人脑中关于词汇信息的表征储存。Treisman（1960）认为心理词典是由许多词条组成的，这些词条具有不同的阈限。当某一个词条的激活超过其阈限时，该词就被认知了。心理词典中的词条包括与这个词条相对应的词的语音、正字法和语义等方面的表征。双通路模型认为心理词条中单词的形音义表征都是局部表征。需要指出的是双通路模型的这一观点不同于联结主义模型（Connectionist Model）对单词形音义的平行分布表征加工理论观点（Parallel Distributed Processing, PDP）。持联结主义观点的 Seidenberg 和 McClelland（1989）也认为他们的模型是一个双通道模型，但是在这个模型中，单词的形音义表征是平行分布式的，这个模型只是一个单一系统，语音和语义表征的计算是通过一个单——致的程序，计算不同单元之间的联结权重而完成的。所以严格地说 PDP 模型与传统词汇识别研究中所指的双通路模型不是同一个概念，它不采用局部表征观点，这一点需要区分开来。下图 1 是关于心理词典的一般结构示意图。

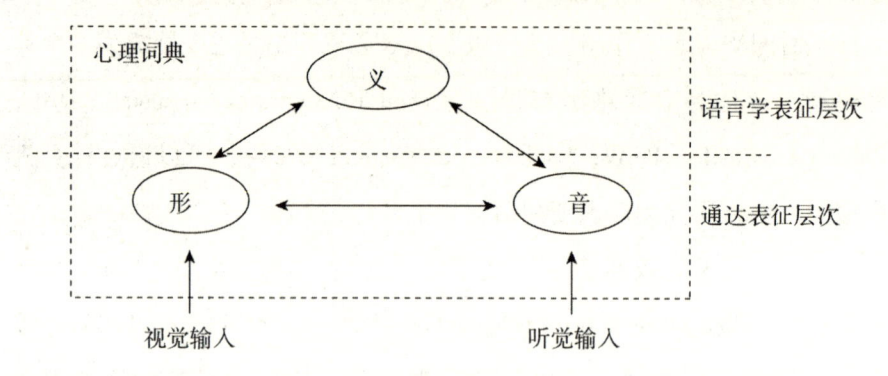

图 1 心理词典结构

第二，双通道理论假设存在着两条不同通路，词汇和非词汇通路。也被叫作直接通达或间接通达通路，或者寻址和组合通路。词汇通路指单词的正字法形式和语义单元之间的快速直接联结。非词汇通路是指借助于语音为中介的从字形到字义的通路。可能存在着两种非词汇通路。一条是借助于非词汇的组合语音从字形到语义。组合语音意味着语音是通过对单词的音素进行组合，在单词的词形被识别之前产生。另一个借助于寻址词汇语音，从字形到语义（M. Coltheart & Coltheart, 1997）。寻址词汇语音意味着语音是在视觉单词识别之后从记忆中提取出来的。这两条通路可以平行用于激活单词语义。下图 2 是 M. Coltheart & Coltheart（1997）双通道理论模型的一个示意图。从中可以看到语音输出的两条通路和语义通达的三种通路。

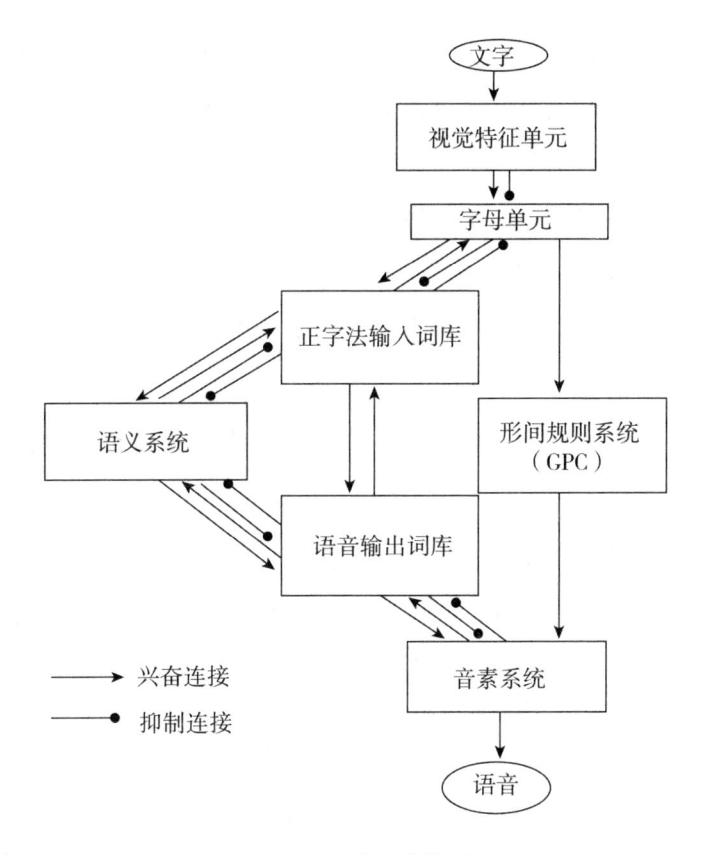

<<< 第一章 词汇语音认知研究的理论与方法

图 2 双通道理论模型

第三，两条通道在何种情况下使用取决于一些因素。这些因素包括阅读者的技能水平（例如，Doctor & Coltheart, 1980），单词的类型（例如，M. Coltheart, 1978; McCusker et al., 1981; Seidenberg, 1985），词频和正字法深度（例如，Frost, Katz, & Bentin, 1987）。一般都假设语音的计算相对来说很缓慢且慢于正字法的加工过程。因此，熟练读者可以使用从正字法到词汇语义的直接通路直接快速获得单词语义。根据双通道理论，熟练读者正常阅读情况下忽略语音的作用。只有在一些特定情况下，如识别非词，极低频词（Doctor & Coltheart,

21

1980），阅读能力较差（Poor reading），或者刚开始学习阅读的学习者身上，语音可能在词汇语义通达中起一定的作用。

　　双通道理论目前有大量的实证证据支持，不仅包括正常阅读者，也包括神经心理学领域内对脑损伤病人的研究结果。根据双通道理论，高频词的识别要快于低频词，因为视觉词汇通路要快于非语词的语音通路。这一假设得到命名和词汇判断任务研究中的词频效应的支持（例如，Forster，1976；Rubenstein, Garfield, & Millikan, 1970；Scarborough, Cortese, & Scarborough, 1977）。词频效应是指高频词的加工要快于低频词。

　　此外，双通道理论认为单词的语义可以通过非词汇的组合语音获得。组合语音是根据单词形素——音素的对应，即 GPC（grapheme-phoneme correspondence）原则得来的（M. Coltheart, 1980）。如果 GPC 通路的确存在，那么读音规则的规则词如老鼠（rat）就会比读音不规则的不规则词如有（have）的加工要快。大量的研究发现低频词识别中出现规则性效应（Baron & Strawson, 1976；Fay & Cutler, 1977；Parkin, 1982）。对于高频词来说，规则性效应很少或者不存在。这些发现表明成人熟练阅读中高频的规则词或不规则词主要是通过直接通路获得语义的，所以产生了很小的规则性效应或者没有规则性效应。但是对于不熟悉的规则词或不规则词来说，GPC 通路是首选通路，被用于形素到音素的转化。由于使用 GPC 通路进行语音计算不能获得低频不规则词的正确读音，此时词汇通路又被重新选择使用，这一过程导致了词汇加工反应时间增长（例如，Seidenberg, 1985），所以在低频不规则词上会出现规则性效应。下图3是 GPC 规则的示意图。

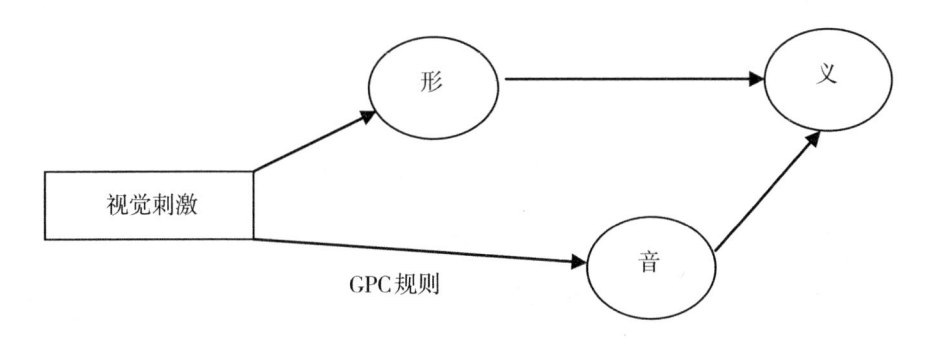

图3　GPC 规则

神经心理学（Neuropsychological studies）的研究也为双通道理论提供了确凿的证据。比如，一些研究者观察到表层阅读障碍病人能正确地读出规则词和假词。但是这些病人不能正确地读出不规则词。这是因为他们把GPC规则不正确地应用于不符合GPC发音规则的单词上（例如，Marshall & Newcombe，1973；Shallice et al.，1983）。看起来在这些病人身上词汇加工的直接通路已经被损坏了。相反，语音阅读困难的病人能读出熟悉的规则和不规则词，但是难以读出非词来（例如，M. Coltheart，1985；Derouesne & Beauvois，1979；Funnell，1983；Hanley & McDonnell，1997；Patterson，1982；Shelton & Weinrich，1997）。原因可能是词汇识别的两条通路中语音中介通路已经选择性地损坏了，导致需要使用GPC规则来对非词进行命名的任务难以完成。这种在脑损伤病人身上发现的语音加工双分离现象只能有双通道理论可以提供合理的解释。

而且，脑损伤病人的研究也证实在语义通达过程中存在着两条通路。例如，对病人EA（Shelton & Weinrich，1997）的研究就是一个很好的案例。研究发现他虽然存在语音输出障碍，但却保持了正常的阅读理解能力。研究发现他具有正常的视觉和听觉词汇理解能力，但在需要提取语音的任务（如，口语图形命名、口语阅读、听写）中成绩很差（正确率在0% ~ 48%），且犯大量的语义错误。他不能阅读非词或听写非词（正确率为0%）。他在一个非词重复任务中能很好地跟着说（utter）出非词，但不能自己读非词（read），这个结果表明从正字法到语音的通路损坏严重，他的非词汇通路，形—音转换（grapheme - phoneme conversion，GPC）通路受损较为严重。另一方面，该病人在理解任务中的表现却很好。这表明该病人能依靠自正字法到意义这条直接通路很好地获得单词意义。EA 的调查结果说明，读者对词汇的阅读理解可以不经中介语音信息而直接通达。同样的情况也发生在病人 PS 身上（Hanley & McDonnell, 1997）。从 Hanley 和 McDonnell, Shelton 和 Weinrich 的神经心理学研究中获得的结果表明单词的正字法和语音表征都对阅读中的单词理解起作用，这就反驳了语音中介假设，即语音是单词语义理解的唯一来源。

另一方面，虽然双通道理论获得大量的实证证据支持，仍有一些研究者质疑该理论。例如，规则性效应一般被认为是双通道理论中非词汇通路存在的重要证据。但是 Glushko（1979）发现规则性效应也可以根据单词的一致性效应进行解释。在他的研究中，一致性是根据一个字母串的正字法词体（orthographic body）进行界定的（Glushko, 1979）。单词的词体是单词韵母的拼写，一致的单词有相同的正字法词体，而且词体只有一个发音（例如 bean, dean, lean 和 mean）。不一致单词有同样的词体，但词体的发音不同（e.g, shave 和 have）。在他的研究中，他使用了两类规则词来检验一致性效应：规则一致词和不规则一致词。比如，所有包括词体 - ean 的单词都是规则一致词，因为该词体在所有包含它的单词中发音都一样。但是对于所有包含词体 - ave 的单词就不一样了。该词体在单词 gave 中有规则发音，但在单词 have 中就是不规则发音。所以规则单词 gave，save 和 shave 就被称为规则不一致词。单词 have 被称作例外词。Glushko 发现规则不一致词的命名时间显著长于规则一致词。这一效应被称作一致性效应。相似的结果在规则不一致假词（如 tave）和规则一致假词上也能发现（如 taze）。更重要的是结果表明规则不一致非词也以不规则的方式读出。如果假词和非词只能以非词汇的词素到音素的 GPC 对应方式读出，那么非词以不规则词的方式读出这一结果就不可能出现。因此，Clushko 研究中的结果表明读出假词和非词的过程一定受到相邻词汇的影响。也就是说，假词和非词可以通过对真词的类比来读出，这一过程可以通过词汇通路而不一定是 GPC 组合通路来完成。Glushko 认为非词汇通路可能不存在，单词阅读可以只使用词汇通路完成。

另外一些研究，虽然也支持双通道理论，但是采用的是语音第一的双通道理论（例如，Luo，1996；Folk，1999，Rastle & Brysbaert，2006）。也就是说，在这一类双通道理论中，语音是主要的通路，在词义通达中起主要作用，而词汇通路成为次要选择。比如，Rastle & Brysbaert（2006）以 DRC 模型为考查目标，使用语音掩蔽启动任务，采用实证和计算模拟两种研究方法，同时考查 DRC 模型能否合理地解释语音掩蔽启动任务下的各类效应，他们发现，词汇判断任务（也可能是其他任务中）中的视觉词汇识别很大程度上是基于词汇的语音表征分析，但语音的激活要受到正字法信息的制约。也就是说，英语词汇识别中语音的作用更加重要。他们认为这一新观点可以成功整合目前语音中介假设和 DRC 模型这两种对立观点。

即使面临诸多争议和挑战，双通道理论仍有足够多的新证据来进行回应。比如,支持者们指出类比观点中存在着难以解释的问题(例如,Jackson & Coltheart, 2001)。它不能很好地解释类比过程的机制。比如,成人熟练读者可以大声读出类似 zuve or koce 的假词。但是在英语中不存在着这些假词的类似真词,因为英语中没有单词以 uve 或者 oce 结尾。因此,类比观点不能解释类比过程是如何进行的。另一方面,标准的双通道理论,经过不断地修正发展,也能够解释一致性效应。在后期提出的双通路瀑布模型中(DRC),词汇和非词汇通路可以在单词识别的初始阶段同时激活,这就表明,阅读假词和非词可以同时沿着两条通路同时进行。在瀑布式的激活模式下(即一个刺激物的部分激活就可以导致下一阶段的加工),假词和非词就像真词一样,能够沿着词汇通路激活包括同一词体的所有单词。被激活的词条通常是和假词与非词一样包含着同一词体的相邻词,也都具有相同的音素。因此,假词与非词的阅读会受到一个单词的邻近词的影响。总的说来,双通路模型仍可能是分析语音在阅读过程中作用的最普遍的模式(例如,M. Coltheart, 1978; M. Coltheart, Curtis, Atkins, & Haller, 1993)。

第二节 不同正字法中的语音认知研究理论

众所周知,文字书写系统的发明主要是用于代表口头语言的。在人类发展历史上存在着众多不同的口语和相对应的文字系统。这些文字系统因其表征的语音系统不同而差异巨大。根据文字转录的语音单位的不同,文字系统基本上可以归为三种,音素文字(phonemic),音节文字(syllabic)和素音节文字(morphosyllablic)。当然,按照新近的汉字拼义理论（张学新，2011），这三个传统的文字类型都归属拼音文字，而中文则应该归属于一个新的拼义文字的类别，而且是该类别内唯一的成员。

音素文字和音节文字系统都是拼音文字系统，但是素音节文字属于方块字的表意文字系统。在音素文字系统中，字素（书写单元）代表音素（语音单元）。在一些语言如塞尔维亚－克罗地亚语（Serbo-Croatian）中，每一个字母代表一个音素，反之亦然，每一个音素只用一个字母代表。但是大多数拼音语言只能大约符合这一规则。比如，在英语中，相同的字母可以代表不同的音素，而且，同一个音素可以由不同的字母代表。在音节文字系统中，如日本假名文字系统中（Japanese Kana），字素代表116个音节。在表意文字系统中，如中文中，基本的书写单元是汉字，它代表基本的意义单元——词素。

字素和音素之间对应的透明度常被称为正字法深度（orthographic depth，Frost et al.，1987；Katz & Feldman，1983）。具有简单的字素—音素对应的语言被称为浅层正字法语言。具有模糊的形音对应关系的语言常被称为深层正字法语言。所以像西班牙语、意大利语和塞尔维亚－克罗地亚语就具有浅层正字法，而英语与希伯来语就具有深层正字法。塞尔维亚－克罗地亚语被称为浅层正字法是因为在其拼写系统中一个字母对应一个音素。英语被称为深层正字法是因为在其拼写系统中单一字素和音素之间的模糊对应。希伯来语被称为深层正字法是因为它的文字以一种不彻底的方式表征语音。在希伯来语中，字母大多数情况下代表辅音字母，大多数元音作为区分标志（diacritical marks）被随机叠置于辅音字母之上。但是，这种区分标志在大多数阅读材料中被省略掉了。当元音被省略掉时，一个视觉辅音字母串通常代表几个不同的口语词。

不同语言中正字法深度对视觉词识别的影响目前已经有大量的研究（例如，Baluch & Besner，1991；Besner & Smith，1992；Frost et al.，1987；Katz & Feldman，1983；Katz & Frost，1992；Seidenberg，1985；Tabossi & Laghi，1992；Ziegler，Perry，Jacobs，& Braun，2001）。基于这些研究，目前研究者提出了三种假设。正字法深度假设认为正字法深度的差异会导致单词识别上的差异，普遍的视觉直接假设认为所有的正字法语言中单词识别都是采用直接的视觉通路。普遍的语音假设，主要是基于普遍的语音规则（universialphonologicalprinciple，UPP）而提出的一个假设，它认为不同水平的语音在单词识别中一定被激活；在这一过程中，正字法深度只是影响不同水平的语音激活的方式，但并不影响语音激活自身。在本节中，将会对三种假设进行详细介绍。

一、正字法深度假设

正字法深度假设（orthographic depth hypothesis）认为文字系统制约单词识别。也就是说，正字法深度上的差异导致视觉单词识别上的差异。根据这一假设，浅层正字法中的单词识别一定通过前词汇的语音信息进行，因为浅层正字法中的形音之间的对应完全一致和直接（例如塞尔维亚-克罗地亚语）。相反，深层正字法如英语中的视觉单词识别依靠整词识别后提取的寻址语音进行。

目前有两种正字法深度假设，对于浅层正字法语言中的前词汇语音的作用有不同的假设。强正字法深度假设观认为浅层正字法语言中的单词识别完全是通过前词汇音码进行的（例如，Besner & Smith，1992），弱版本的正字法深度假设观认为前词汇和词汇语音都可能在单词识别中得到使用，但前词汇语音信息是主要的（例如，Katz & Frost，1992）。

强版本的正字法深度假设与许多语言现象不一致,目前绝大多数证据比较支持弱版本的正字法深度假设(Frost,1991)。

支持正字法深度假设的证据主要来自两方面的研究。首先,来自显示在浅层正字法语言(如塞尔维亚-克罗地亚语,韩语等)中前词汇语音必定在词汇识别中得到使用,但在深层正字法语中(如希伯来语)语音几乎不用的研究。这其中最为关键的证据来自 Lukatela 和 Turvey (1980) 使用塞尔维亚-克罗地亚语进行的研究。在一个词汇判断任务中,他们检验了被试在罗马和斯拉夫字母(Roman and Cyrillic)上的语音模糊效应(phonological ambiguity effect,PAE)。塞尔维亚-克罗地亚语是浅层正字法语言,它有两种字母表。西里尔字母(Cyril)和罗马字母(Roman alphabet)。这两种字母表包含一些共同字母(例如字母 B,P,H,C,A,E,O,J,K,M 和 T),这些字母中的其中一些在两种字母表中发音一样(例如字母 A,E,O,J,K,M 和 T),但是另外一些字母发音不同(例如字母 B,P,H 和 C)。从下边例子可以看出这一点。单词 BETAP 包括两个在两个字母表中都出现的字母(B 和 P)。由于 B 和 P 在两个字母表中的发音不同(如在罗马字母表中发 /b/ 和 /p/ 音,但在西里尔字母表中发 /v/ 和 /r/),BETAP 在罗马字母表中可以被读作/betap/,这是一个不存在的非词;或者在西里尔字母表中可以读作/vetar/,这是一个语义为"风/wind"的高频词。单词的语义"风"被翻译为罗马单词是"VETAR",它只有唯一一个发音/vetar/。与西里尔文字系统中的单词 BETAP 相比,罗马文字系统中的单词 VETAR 在语音上是模糊的。

Lukatela 和 Turvey(1980)在词汇判断和命名任务中检验这种语音模糊效应。他们发现"BETAP"和与其类似的字母串的反应时间显著比

"VETAR"和与其类似的字母串长。即使这两个字母串频率、音节结构、字母数量和意义完全一样。这一效应被称为语音模糊效应（PAE）。该效应表明在类似塞尔维亚－克罗地亚语的浅层正字法语言中前词汇语音一定是单词识别的中介。随后的研究在非词识别上也发现了类似效应。真词和非词上的语音模糊效应表明单词识别一定以语音为中介。除了塞尔维亚－克罗地亚语的研究，韩语（Korean Hangul）和日语假名正字法（Japanese Kana orthographies）上的研究也为单词识别中的语音中介假设提供了证据（e. g., Cho & Chen, 1999; Feldman & Turvey, 1980; Kang & Simpson, 2001; Simpson & Kang, 1994; Taft & Tamaoka, 1994）。

其次，其他的证据来自跨语言的研究。这些研究检验和比较了命名和词汇判断任务下的语义启动效应和词频效应。研究表明这两种效应发生于词汇通达阶段而不是前词汇阶（例如，Balota & Chumbley, 1990; Monsell, Patterson, Graham, Hughes, & Milroy, 1992）。因此，这些跨语言研究背后的逻辑就是：如果单词是通过前词汇语音的中介作用进行的，词频和语义启动效应在命名任务中不应该出现。相反，如果单词识别完全是通过快速的正字法加工并且语音只是在词汇通达之后才被获得，那么在命名任务中就能观察到较强的词频效应和语义启动效应。

许多跨语言研究为这一假设提供了证据。使用命名任务和词汇判断任务，Katz & Feldman（1983）比较了英语和塞尔维亚－克罗地亚语上的语义启动效应。他们发现即使两种任务中英语词汇识别中都能观察到语义促进效应，塞尔维亚－克罗地亚语词汇只能在词汇判断任务中发现语义启动效应。Tabossi & Laghi（1992）发现命名任务中的语义启动效应在英语中比在意大利语词汇加工中大。Frost 等人（1987）比较了两种任务下三种语言（希伯来语，英语和塞尔维亚－克罗地亚语）上的语义启动效应。他们发现命名和词汇判断任务中，希伯来语词汇的词频效应大英语。但是对于塞尔维亚－克罗地亚语，词频效应只在词汇判断任务中出现。同时，Frost 等人（1987）发现希伯来语中的语义启动效应最强，英语中的语义启动效应较小但达到显著，而塞尔维亚－克罗地亚语中没有出现语义启动效应。根据这些结果，Frost 等人认为前词汇语音只在具有浅层正字法的塞尔维亚－克罗地亚语词汇识别中起作用。总的说来，这些研究为正字法深度假设提供了比较广泛的支持。

二、普遍直通假设

与正字法假设相对立，普遍直通假设（universal direct access hypothesis）认为所有的正字法中单词识别中存在着普遍类似的加工过程。具体而言，就是指所有正字法中词汇识别都是通过快速的视觉通路完成的，前词汇语音只作用于不熟悉词的识别中（例如，Baluch & Besner, 1991; Besner, 1987; Sebastian－Galles, 1991; Tabossi & Laghi, 1992）。因此，语音在常用词识别中不起作用。根据这一假设，是单词的词频而不是正字法深度决定语音是如何获得的（即是通过 GPC 规则获得前词汇语音还是通过整词激活后获得寻址语音）。在一切正字法中，高频词是通过直接的视觉通路加工的，语音只有在词汇通达之后才能获得（即寻址语音）。

Seidenberg（1985）考查了英语和汉语中单词词频效应。这两种语言分别被看作是深层正字法文字和表意文字（即正字法相对英语来说更深些）。他发现高频英语和汉语词汇的命名时间不受发音的规则性的影响。这表明高频词是通过视觉通路识别的，两种文字系统中的单词语音都是单词识别之后才从心理词典中提取出来的。而且 Seidenberg & Vidanovic（1985）也发现命名英语和塞尔维亚-克罗地亚语语中的熟悉词时出现词频效应和语义启动效应，暗示着不论两种语言的正字法深度如何，熟悉词的识别是通过视觉通路进行的。

Baluch & Besner（1991）考查了波斯语（Persian）词汇识别，得到了类似的结果。在波斯语中，包含由字母表征的元音的单词是语音透明词，但是包含由区分符表征的元音的单词是语音模糊词。前者可以通过形音对应规则来读出，但后者不能。语音模糊词只能凭借储存的词汇知识读出。通过操纵实验材料出现的语境，他们发现：①如果实验材料中没有非词出现，那么语音模糊和透明词都显示相似的语义启动效应和词频效应；②如果实验材料中包括非词，只有语音模糊词的命名受到语义启动和单词词频的影响。这些结果表明两种词的语音是在单词基于视觉通路识别之后才获得的。此外，在浅层正字法的西班牙和意大利语中关于高频词的研究也发现了相似的语义启动效应和词频效应（例如，Sebastian-Galles，1991；Tabossi & Laghi，1992）.

所有这些研究为视觉直通假设提供了证据。看起来熟练阅读中的差异并不像正字法深度假设所说的那样大。如 Tabossi 和 Laghi（1992）所说："……不仅中文，希伯来文、英文，而且塞尔维亚-克罗地亚语、荷兰语和意大利语都是依靠词汇知识来进行大多数常见词汇的阅读和发音，不管它们的文字系统有多么不同"。

三、普遍语音原则

除了正字法深度假设和普遍视觉直通假设外，美国的 Perfetti 和他的同事提出来了另一种普遍性假设，该假设基于普遍性语音原则提出（universal phonological principle, Perfetti, Zhang, & Berent, 1992）。根据这一普遍语音原则，任何一种文字系统的词汇阅读中，语音一定作为一种阅读成分被激活，文字系统的不同只会限制语音加工的一些细微之处。普遍语音原则包括三个相互关联的原则。第一个原则是指所有文字系统中的单词阅读会自动激活单词语音，语音激活包括单词的音素成分和单词的发音。第二个原则是指文字系统只制约语音激活的程度，但不制约语音激活本身。第三个原则是指激活的语音的作用在于为进一步的记忆和理解提供基础，此时只是语音的重复而不是语音激活自身受到阅读者的控制。

支持普遍语音原则的证据主要来自英语和汉语的研究。在英语单词识别研究中，他们使用后掩蔽范式（backward mask paradigm），发现音素掩蔽效应在不同词频和一致性的单词上都出现（例如，Perfetti et al., 1988; Perfetti & Zhang, 1991）。而且这一效应也出现在如塞尔维亚－克罗地亚语这类浅层正字法的单词识别中（例如，Lukatela & Turvey, 1990a, 1990b）。这就为语音激活在单词识别中的作用提供了证据。更加重要的是，在一系列汉语字词识别的研究中，Perfetti 等人也发现汉语词汇是通过语音进行识别的。他们发现语音激活早于语义激活，对语义激活起着制约作用（例如，Liu, perfetti, & Hart, 2003; Perfetti et al., 2005; Perfetti & Tan, 1998; Perfetti & Zhang, 1991）。汉语是一种正字法更深的语言，所以他们认为在汉语单词识别中得到的结果为普遍语音原则提供了明确的证据。

本节回顾了跨文字研究中词汇理解时语音作用的三种假设。根据不同的假设，可以推测汉字识别中语音的作用完全不同。正字法深度假设和普遍视觉直通假设预测语音在汉字识别中基本不起作用，汉字的语音只能从记忆中提取。但普遍语音原则则认为汉字语音在汉字识别中起重要作用。

第三节　词汇语音认知研究的实验方法

在语言认知和心理语言学研究中，已经积累了很多研究词汇识别的实验方法，这些方法同样在词汇语音认知研究中得到了广泛使用。这些方法包括行为实验法、生理学方法和计算机模拟方法。其中采用最多的是行为反应时记录法、眼动记录法和脑成像技术（如脑电图/EEG、事件相关电位/ERP 及功能磁共振成像/fMRI 等）。

一、行为反应时法

反应时也叫反应潜伏期，是指从刺激呈现到做出反应之间的时间。它代表的是从刺激输入到神经中枢加工再到反应输出的全过程所需的时间。反应时的这一特性使反应时测量成为研究词汇信息认知加工的一种基本手段。在上文的许多研究回顾中已经涉到及相关的实验方法，这里集中对一些最常用的方法进行介绍。

（一）词汇判断任务（lexical decision task）

这一方法是指给被试呈现一个语言刺激，它可能是一个词，包括非词、真词或假词，然后要求被试尽快、尽量准确地判断该刺激是不是一个单词。如果是，按指定的一个键；如果不是真词，则按另一个键，同时记录被试的反应时和错误率，并对这两个测量数据进行统计分析。该

34

任务常被认为不通达词汇的语义表征,所以该任务一般用于研究词汇的词形通达表征等方面的问题,比如,研究词的视觉特征、语音特征和词频对词汇识别的影响。这一任务有一些缺陷,如词汇判断作业不同于正常阅读。在正常阅读中,我们不会看到假词,不会进行真假词的判断。在这一任务中人为地加入了假词,这可能会影响被试的加工策略。而且,判断词的真假可能不是基于词汇意义,也可能是依据其他线索。所以有些研究者认为它不能很好地反映真实的词汇识别过程(例如,Balota & Chumbley, 1984)。

(二) 词汇命名任务(naming task)

这一任务是指给被试呈现一个语言材料,让被试大声读出一个词,同时记录被试的命名反应时间。命名时间反映了识别一个词所需要的时间,以及词识别的各种影响因素。该方法的优势是与正常阅读情况一致,且该任务一定通达语音,可用于探索语音加工的研究中。而且词汇命名时可能会通过语音激活与之相联系的词汇语义,所以也可以使用该方法来研究语义通达问题。

(三) 语义类属判断任务(semantic categorization task)

这一方法是指呈现一个单词,让被试判断该词是否属于某个语义范畴或者某个特定的类别。"属于"作"是"的反应,不"属于"作"否"的反应。如前文提到的研究中"玫瑰花/rose"是否属于类属"花/flower"。被试在进行判断反应时,必须以理解词汇意义为前提,所以可以用于研究词汇语义通达和语义加工有关的问题。但正如前述研究中所指出的,在这一任务中,类属名称,目标词的典型性都会对被试的判断产生重要影响。

（四）同一性判断法（identity judgment task）

这一方法要求被试判断同时呈现或者相继呈现的成对刺激是否相同。如果相同，则做出"是"的反应，不同则作"否"的反应。同一性判断任务可以基于词汇形音义的任何一种信息进行，更接近于正常阅读。

（五）启动任务（priming task）

这一任务中，在正式进行反应的目标刺激词之前以一定时间呈现一个相关刺激词。相关刺激词和目标词之间的关系可以随研究目的进行操控，通过记录分析不同关系条件下目标词的反应数据，可以探测启动因素对目标刺激词的影响，从而探索词汇识别加工过程。这一任务可以使用词汇判断任务，也可以使用命名和语义分类任务等。启动词和目标词之前的不同步呈现时间可以操控变化，因此可以通过变化启动时间来研究某种词汇信息的加工时间进程问题。在启动任务中，也可以加以其他辅助手段，如前掩蔽、后掩蔽等方法改变刺激呈现方式和时间，以探测实验者感兴趣的词汇加工问题。

二、神经科学方法

语言认知研究的生理学方法包括眼动记录法（eye-movement recording）、脑电图（electroencephalogram，EEG）、事件相关电位（event related potential，ERP）及功能磁共振成像（founctional magnetic resonance imaging，fMRI）等。眼动记录法是使用眼动仪记录人们阅读时的眼动轨迹，分析眼动的各种指标，包括眼动类型、眼停次数、注视次数、注视持续时间等。通过这些指标来分析阅读时的内部认知过程。眼动轨迹的记录通过如下方式完成：眼动仪将一束红外线照射到眼角膜上，红外线接收装置接收角膜的反射光，从而把阅读时的眼动轨迹实时记录下来。眼动记录只能提供内部认知加工的外在行为指标，并不能直接提示阅读过程的认知加工机制。fMRI脑成像是另一种脑成像技术，这一技术的基本原理如下：大脑某区域神经活动的增加总是伴随着那个区域血液流量的增加。fMRI脑成像利用氢原子在高强度磁场下发射电磁波而磁共振信号与血液中含氧量有关性的原理，通过该技术探测脑内局部血容积，局部糖代谢、氧代谢和局部血流的变化，从而获得人在进行某种活动时特定脑区活动的信息，构建大脑和大脑活动的三维图像。它有三个优点：不需要注射放射性同位素，扫描时音较短，空间分辨率精确到毫米量级。在具体实验研究中，研究者往往将神经活动的变化与某些认知加工任务的变化联系起来以探测大脑的哪些脑区负责处理相应认知加工以及这些脑区是如何工作的。实验设计中往往包括实验任务条件和基线性的控制条件，前者包含研究感兴趣的认知任务而后者不包括。两种条件下的激活脑区相减则得出所研究的认知活动对应的负责加工脑区。

事件相关电位是一种可以与认知活动锁时的电生理技术，可以对阅读过程中的语言信息的在线加工进行实时探测。作为一种电生理技术，ERP的高时间分辨率的优势使它在认知神经科学，认知心理学，心理语言学，神经语言学，神经心理学和神经学方面的研究中得到了广泛使用，它被用于研究儿童和成人的正常和异常语言处理，目前已经发现一些与语言认知加工相关的ERP成分，如P200、N400、P600等。我们关于汉字语音认知的神经学研究主要使用的方法是事件相关电位技术，所以在本节我们将重点对事件相关电位法（ERP）进行比较详细的介绍，使读者对ERP这一脑电技术的基本原理和特征，它在语言认知研究中的优势和作用，以及它在语言认知研究中的基本实验流程有比较清晰地了解，从而方便读者进一步了解我们一系列的 ERP 研究。

（一）ERP 基本原理和提取

活的人脑总会不断放电，称为脑电（electroencephalogram，EEG），这是脑的自发电位（spontaneous electroencephalography），它不需要特定的外界刺激物就可由大脑神经系统活动自发产生，自发电位的成分复杂而且不规则。脑电（EEG）是由于皮质大量神经组织的突触后电位同步总和而成，而单个神经元电活动非常微小，不能在头皮记录到，只有神经元群的同步放电才能记录到。正常的自发脑电一般处于几微伏到 75 微伏之间。

除了自发脑电位之外，还有诱发电位（Evoked potentials，EPs）。诱发电位也称诱发反应（Evoked Response），是指给予神经系统（从感受器到大脑皮层）特定的刺激，或使大脑对刺激（正性或负性）的信息进行加工，在该系统和脑的相应部位产生的可以检出的、与刺激有相对固定时间间隔（锁时关系）和特定位相的生物电反应。诱发电位具备以下特征：①在特定的部位才能检测出来；②有其特定的波形和电位分布；③诱发电位的潜伏期与刺激之间有较严格的锁时关系，在给予刺激时几乎立即或在一定时间内瞬时出现。诱发电位的分类方法有多种，依据刺激通道分为听觉诱发电位、视觉诱发电位、体感诱发电位等；根据潜伏期长短分为早潜伏期诱发电位、中潜伏期诱发电位、晚（长）潜伏期诱发电位和慢波。通常诱发电位被分为两大类：与感觉或运动功能有关的外源性刺激相关电位和与认知功能有关的内源性事件相关电位。

内源性事件相关电位与外源性刺激相关电位有着明显的不同，它反映了认知过程中大脑的神经电生理的变化,所以也被称为认知电位。它是在注意的基础上,与识别、比较、判断、记忆、决断等心理活动有关,反映了认知过程的不同方面,是了解大脑认知功能活动的"窗口",从中了解认知加工的神经基础。经典的 ERPs 成分包括 P1、N1、P2、N2、P3(P300),其中 P1、N1、P2 被称为 ERPs 的外源性(生理性)成分,受刺激物理特性影响;N2、P3 为 ERPs 的内源性(心理性)成分,不受刺激物理特性的影响,与被试的精神状态和注意力有关。经典的 ERPs 还包括 N400、失匹配阴性波(Mismatch Negativity,MMN)、伴随负反应(Contigent Negative Variation,CNV)等。

与自发的脑电相比,由心理活动所诱发的脑电更弱,一般只有 2 到 10 微伏,通常淹埋在自发电位中。这使得由某一认知心理活动诱发的脑电很难从大量嘈杂的自发脑电信号中提取出来。所以 ERP 需要借助于一定的计算机叠加技术从 EEG 中提取出来。ERP 有两个重要特性,一是潜伏期恒定,二是波形恒定。利用这两个恒定,将由相同刺激引起的多段脑电进行多次叠加,由于自发脑电或噪音是随机变化,有高有低,相互叠加时就出现正负抵消的情况,而 ERP 信号有这两个恒定,所以不会被抵消,反而其波幅会不断增加,当叠加到一定次数时,ERP 信号就显现出来了。叠加 n 次后的 ERP 波幅增大了 n 倍,因而需要再除以 n,使 ERP 恢复原形,即还原为一次刺激的 ERP 数值。所以 ERP 也称为平均诱发电位,平均指的是叠加后的平均。这样就获得了所希望的事件相关电位波形图。如图 4 显示了自发电位 EEG 与 ERP 叠加基本原理。

Event-Related Potential Technique

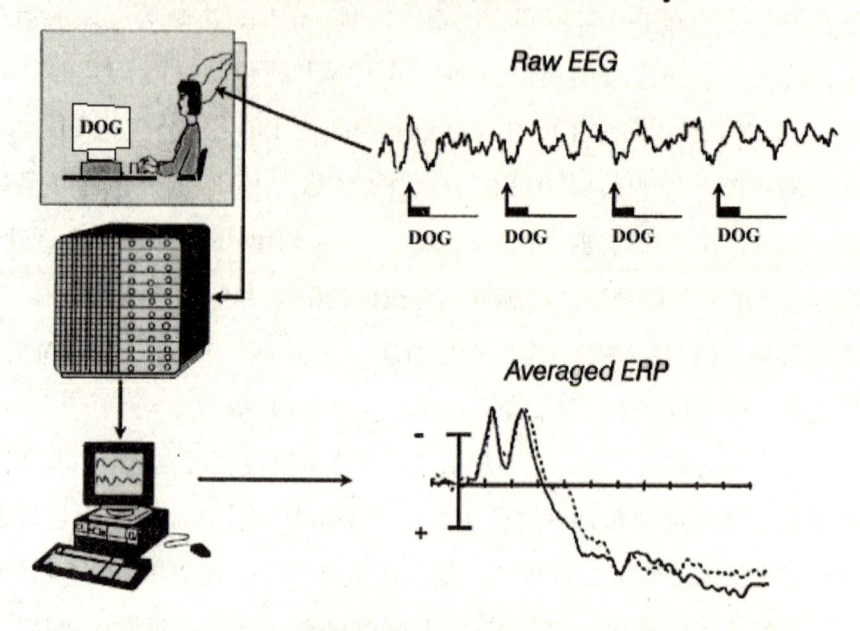

图4　ERP叠加基本原理示意图

　　ERP具有以下几个优势：第一，无创性和时间分辨率（ms）高。事件相关电位具有高时间分辨率的特点，其时间精度可以达到毫秒极水平，使其在揭示认知的时间过程方面极具优势，能锁时性（time-locked）地反映认知的动态过程，因此该方法已经成为研究脑认知活动的重要手段，可以探讨认知加工的时间发展过程；第二，便于与行为反应时配合进行认知过程（认知时间过程）研究；第三，设备相对简单，对环境的要求不高。ERP的主要弱点在于低的空间分辨率，ERP在空间上只能达到厘米级，主要的影响因素是容积导体效应与封闭电场问题。另外，ERP只能采用数学推导来实现脑电的源定位，这种方法的可靠性也是有限的。

(二) ERP 实验方法

ERP 信号采集是通过脑电记录仪进行的,整个脑电记录仪系统包括电极帽、刺激呈现器、被试任务操作平台、信号采集与放大装置、信号分析系统等,通过这一系统,可以采集到自发电位和诱发电位。

1. ERP 信号采集工具

ERP 的采集装置是通过电极帽完成。电极帽上面有多个记录或吸收头皮放电情况的电极,这些电极在帽子上的位置是根据国际脑电图学会1958年制定的10-20系统(Jesper, 1958)确定的。如图5所示。

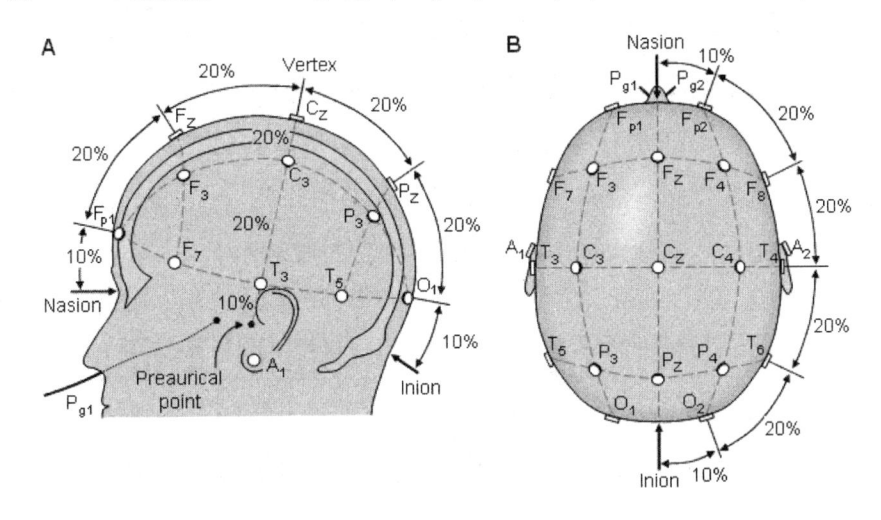

图5 10-20国际脑电记录系统(A: 左面观; B: 顶面观)
A: 耳; C: 中央部; P: 顶部; F: 额部; O: 枕部

10-20系统的原则是头皮电极点之间的相对距离以10%与20%来确定,并采用两条标志线。一条称为矢状线,是从鼻根到枕外隆凸的连线,从前向后标出5个点:Fpz、Fz、Cz、Pz、Oz,Fpz之前与Oz之后线段长度占全长10%,其余各点间距离均占全长的20%。另一条称为冠状线，是两外耳道之间的连线，从左到右也标出 5 个点：T3、C3、Cz、C4、T4。T3 和 T4 外侧各占 10%，其余各点间距离均占全长 20%。Cz 点是矢状线与冠状性的交汇点，常作为确定电极是否戴正的基准点。

2. 实验范式

（1）Oddball 范式

Oddball 实验范式是指对同一感觉通道施加两种刺激，一种刺激出现概率很大，如 85%，被称为大概率或标准刺激（standard stimuli）。另一种刺激出现的概率很小，如 15%，被称为小概率或偏差刺激（deviant stimuli）。在实验中，两种刺激以随机顺序出现，这样，对于被试来说，小概率刺激的出现具有偶然性，因为它很少才出现一次，感觉有点怪（Odd）。但实验任务却要求被试关注小概率刺激，只要小概率刺激一出现就尽快做出反应。因此偏差刺激又叫作靶（target）刺激或目标刺激。很显然靶刺激是小概率刺激。如图 6 所示。

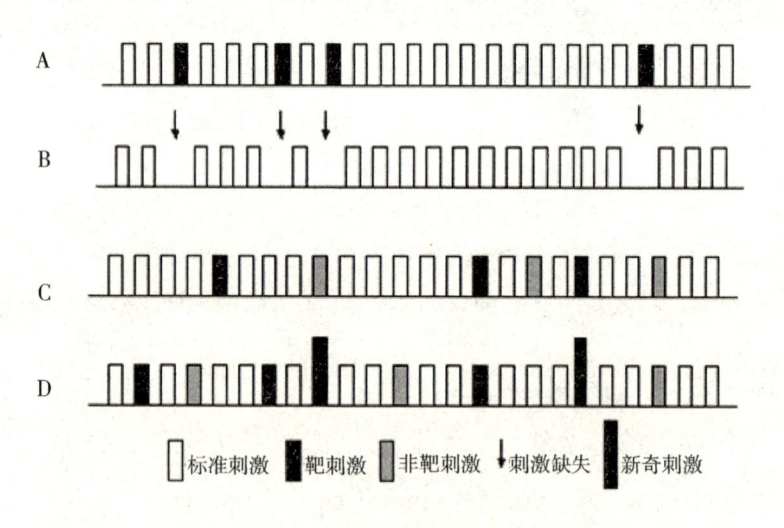

图 6　ERP 实验 Oddball 范式

（2）Go – Nogo 范式

Go – Nogo 范式指的是在标准刺激和目标刺激之间取消了大小概率的差别，即两者的概率相等。需要被试进行反应的刺激就称为 Go 刺激，即靶刺激；不需要被试反应的刺激被称为 Nogo 刺激。该模式能排除刺激概率对 ERP 的影响，由于没有大小概率之分，大大节省了时间，这是该模式的突出优点，但也因此丢失了由大小概率差异而产生的 ERP 数据。

3. ERP 数据采集过程

ERP 数据采集要进行一系列的电极设置和参数设置，以获得高质量的 ERP 数据，包括电极导联、记录电极安放、记录参数和 ERP 离线分析等步骤。

（1）电极导联与记录电极安放

脑电在头皮的不同位置是不同的，不同的研究中若使用不同的电极安放位置和命名将严重影响不同脑电研究结果间的对比，妨碍脑电研究的学术交流与进展。前述提到的 10 – 20 国际脑电记录系统即为此设立并沿用至今，是所有 ERP 研究进行电极导联和记录电极安放时应遵循的。电极导联有单极导联法和双极导联法。单极导联法是采用一个公共参考电极与多个电极导联的方法，多用于脑电记录。公共参考电极指的是将头皮上的一个电位设置为零的电极。其他的电极则作为记录电极，记录电极与参考电极的电位差即是该电极的电位值。双极导联法指的是记录两个电极之间的相对电位差的方法，如眼电记录即用双机导联法。目前的 ERP 研究多为多导记录，所以采集 ERP 数据以佩戴电极帽进行。可根据实验要求选用不同的电极帽，如成人的认知实验可以选用 64 导等多导电极帽，儿童的研究中可以适当减少电极。电极帽有 32、64、128、256 导等。电极安放根据 10 – 20 系统进行。参考电极一般放置在身体相对零电位点上，如耳垂、鼻尖和乳突。接地电极通常放置在头部前部中点，是为了排除50周（Hz）干扰。其他的放置在头皮上的电极是作用电极，在作用电极上记录到的脑电信号即是作用电极与参考电极间的差值。

（2）记录参数设置

ERP认知实验研究结果是否可靠可信，研究目的能否实现，一个重要前提或者环节是通过ERP记录仪获得高质量的ERP数据。高质量的ERP数据需要在保证脑电记录仪器参数设置正确的情况下，记录不含或少含各种干扰、伪迹、噪声的数据。所以脑电记录时各种参数设置是一个重要环节，参数设置良好有助于获得"干净无噪声的数据"，使ERP数据的离线分析更为方便易行。此处我们简单介绍各种基本的记录参数设置。①时间（epoch）与基线：要根据实验模式和研究目的设置ERP数据分析时间。一般经典的ERP分析多在1000毫秒之内。刺激发生前的基线常设为100~200毫秒。②阻抗：在ERP记录过程中遇到的最大问题是50Hz市电干扰。解决方案中首先是要减小皮肤与电极之间的电阻，使之保持在5 kΩ以下。③放大倍数：放大倍数又称增益（gain）。脑电电压放大倍数是指对异相信号的电压放大倍数，其数值以分贝（dB）表示。在ERP实验中，仪器的放大倍数的设置要适当，放大倍数过小将观察不到低幅ERP成分，放大倍数过大将导致高幅ERP成分失真。在ERP研究中，放大倍数经常取20000，这一设置已经足够ERP晚成分分析使用。④带宽：任何放大器只能对一定频率范围内的信号进行正常放大，超过其频率范围的信号（频率过高或过低的信号）经过放大器后放大倍数就会降低。放大器的这一频率范围被称为频带宽度。设定带宽的目的是使放大器仅放大拟研究的脑电ERP信号，而频带外的噪声等干扰信号不放大，达到排除噪声与干扰信号的效果。过窄与过宽都不利于 ERP 的记录,要根据所研究的 ERP 成分的频率范围综合考虑。带宽按功能可以分为高通(highpass)、低通(lowpass)和带通(bandpass)滤波器。频带带宽一般为 0.01,0.05 或者 0.1 至 40,60 或 100Hz,一般选择 0.01Hz(高通)—100Hz(低通)。⑤伪迹的排除与校正:主要是排除眼电带来的伪迹,对其进行校正。⑥采样频率:即采样速度,它指每秒所采集的点数。采样速度决定着 ERP 的波幅精度与 ERP 的时间分辨率。采样频率与时间分辨率成正比。理论上,采样频率越大越好,但过大也不好,会大增加 ERP 数据量而影响后期离线分析。一般选用 500 或者 1000Hz 的采样频率。

(3) ERP 离线分析

ERP 是从自发脑电(EEG)中叠加提取出来的,在得到 ERP 波形成分后还要对其进行一系列分析等数据处理。所谓 ERP 数据的离线分析是指对这些原始生理 EEG 数据进行记录储存后再进行分析的过程。

数据的离线分析基本包括以下这些步骤:①排除眼电伪迹。在脑电记录过程中,被试的眨眼会使脑电发生很大的波动,形成眨眼伪迹,通过叠加比较难以消除。目前减少眼电的方法一是删除,二是校正。②脑电分段。脑电分段的目的是为了叠加 ERP。要叠加的 ERP 必须以刺激或反应为基准对齐,从连续记录的 EEG 数据中取出一个个的段。③排除其他伪迹。分段的 ERP 数据虽然已经排除了眨眼伪迹,但是除了脑电和眼电以外,还有其他很多的电位变化如皮肤电、心脏电都会混入头皮电极记录的电位中,这些都会影响脑电,形成伪迹,而且无法对其校正。一般对这类伪迹采用的是删除方法,尤其是伪迹过大时。一般情况下,是根据一个标准数值如不超过 ±100μV 为标准删除伪迹。④叠加平均。由于 ERP 波幅远小于自发脑电,但是其有潜伏期和波形恒定两个特性，所以可以通过多次叠加再加以平均的方式提取出与特定刺激锁时的 ERP 波。⑤总平均。总平均指的是对同一条件下全部被试的 ERP 的再平均，得到一个总平均图，从中可以看出所有被试的共同特点。除了以上几个基本步骤外，还有一些数据处理的步骤，包括合并行为数据，基线较正，数字滤波（为了消除 50Hz 的市电干扰）和平滑化等，可以根据具体的实验要求选择进行。图 7 是 ERP 实验基本过程示意图。

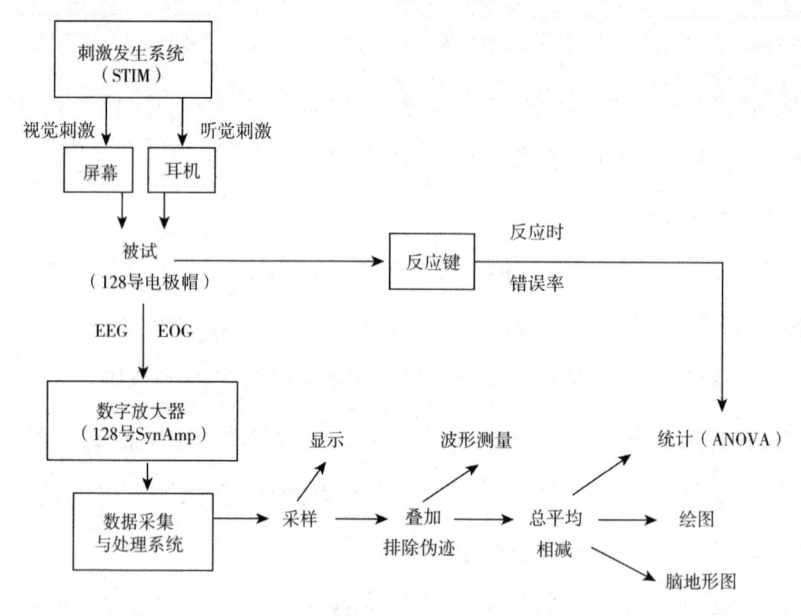

图 7　ERP 实验基本过程和数据离线处理

（三）主要 ERP 成分

1. P300

在 oddball 范式研究下，实验记录到在小概率刺激出现之后 300ms 时观察到一个正波，称为 P300，这个波在 Pz 点附近最高。研究发现 P300 的波幅与所投入的心理资源量成正相关，其潜伏期随任务难度增加而变长。P300 反映的认知过程，一种解释认为，P300 代表知觉任务的结束，即对所期盼的靶刺激或目标刺激做出有意识加工时，相关顶叶或内侧颞叶部位受到激活产生负电位，当加工结束时这些部位又受到抑制，于是出现了 P300。而 Donchin（1981）则认为 P300 的潜伏期反映的是对刺激物的评价或分类所需的时间，随作业难度的增加而延长，而 P300 波幅反映的是工作记忆中表征的更新，反映了心理负荷的量，即被试投入到任务重的脑力资源的多少。后一种观点得到更多的支持，这意味着 P300 也许可研究高级认知过程，如工作记忆的脑机制，特别是过程机制问题。

另外，P300 也普遍存在于哺乳动物中，如老鼠、猫、猴等，这说明 P300 可能代表着神经系统的某种基本活动。近年来精确脑定位手段，如 fMRI，发现 P300 的脑内源不止一个，因而 P300 不是一个单纯的成分，与多种认知加工有关。现在，P300 的概念发生了变化，许多潜伏期很不相同的波形也称为 P300，这样就成了一个家族，称为晚正复合体（late positive complex）。按照 ERP 的成分划分方法，根据潜伏期的差异，10ms 内为早成分，10～50ms 为中成分，50～500ms 为晚成分，500ms 以后则称为慢波。P300 显然属于晚成分。如图 8 所示。

2. CNV

CNV 全称是 Contingent Negative Variation，即关联负变化。实验中告知被试他将得到两个信号（声音或闪光等），他的任务是在第一个信号出现后开始准备反应，但并不反应，当出现第二个信号之后则要尽快做出反应；两个信号之间的时间并不固定。结果发现，在两个信号之间，被试的脑电出现了负向偏转（或负向变化，负变），这个脑电负向变化形成的类似高原的波形就是 CNV，在被试完成按键反应后 CNV 就消失了。CNV 被认为主要与心理因素有关。比如，期待、意动、朝向

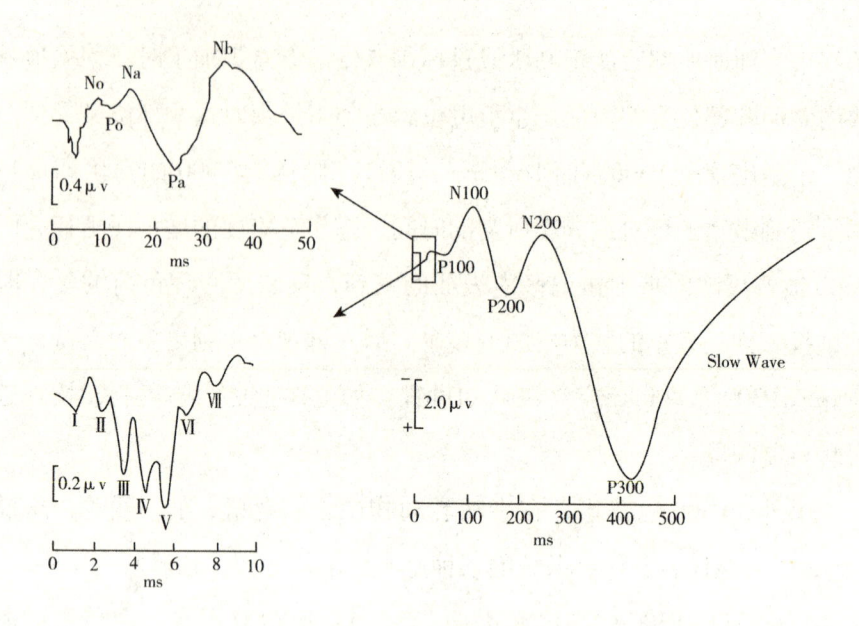

图 8　ERP 早晚期成分波示意图

反应、觉醒、注意、动机等，可以认为它基本上是一个综合的心理准备状态的反映，处于紧张或应急状态的反映。如图 9 所示。

3. MMN

MMN 全称是 mismatch negativity，即失匹配负波。它也是采用 Oddball 范式发现一个主要 ERP 成分。在 Oddball 范式下，大概率刺激为 1000Hz 纯音，小概率刺激为 800Hz 纯音，分别在两只耳朵中出现，让被试进行双耳分听，只注意一只耳的声音，并对小概率刺激做出反应，不注意另一耳的声音。结果发现，无论注意与否，在约 250ms 内，小概率刺激均比大概率刺激引起更高的负波。以小概率刺激引起的 ERP 减去大概率刺激引起的 ERP，会得到一个差异波，是一个存在于 100～250ms 之间的明显的负波。这一结果最早由 Naatanen（1978）报告。随后的一系列研究表明，MMN 反映的是人脑对刺激差异的无意识加工，

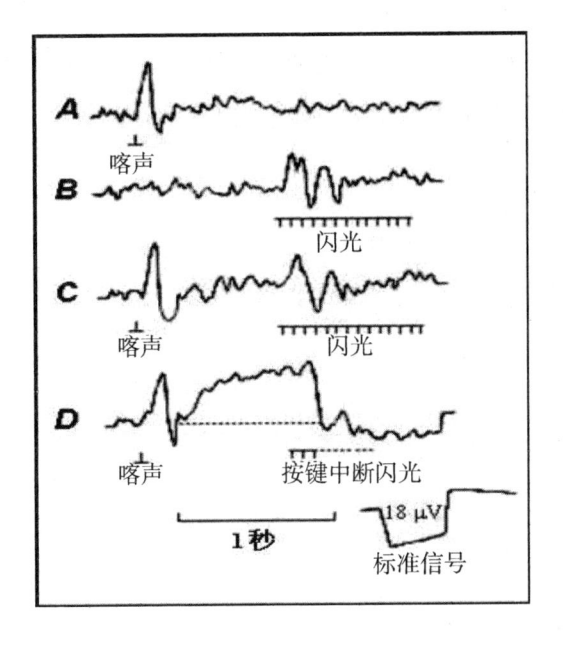

叠加12次，Cz电极点。

A：短声
B：闪光
C：短声+闪光

前三种情况都不出现CNV。

第四种情况下，令被试在闪光出现时尽快按键，按键即将闪光终止，只有这时才出现CNV。

图9　CNV产生示意图

即使在两种刺激都不加以注意的情况下也出现了MMN，这说明人脑有对刺激间差异进行无意识加工的能力，或者说人脑能够对不同刺激自动地做出不同的反应。

4. N400

N400是指语言刺激呈现之后约400ms左右出现的一个负成分，它是研究脑的语言加工原理的常用ERP成分。在实验中，研究者通过屏幕向被试呈现一些句子，句子的每个单词从前往后是逐个出现的，先出现的几个句子都是正常的符合语法和语境的。在呈现句子时同步记录每个单词呈现后引起的脑电变化。实验设计前几个句子都是正常的，最后一个句子的最后一个单词是明显畸义的。实验观察到在这个畸义词出现之后400ms左右出现了一个新的负成分N400。N400的波幅变化会随着语义不一致程度而变化。它的波幅受到语义一致性程度的调节，在语义不一致时增强，在语义启动或者重复情况下减弱。如图 10、图 11 所示。

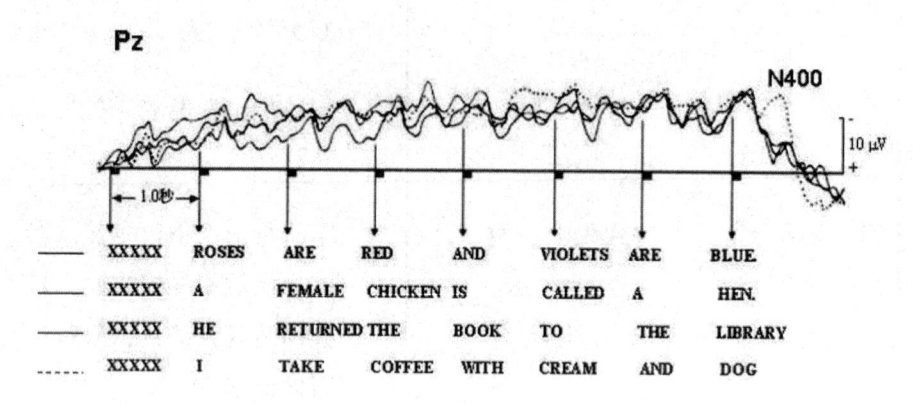

图 10　N400 实验示意图

语义畸异程度越大N400越大：

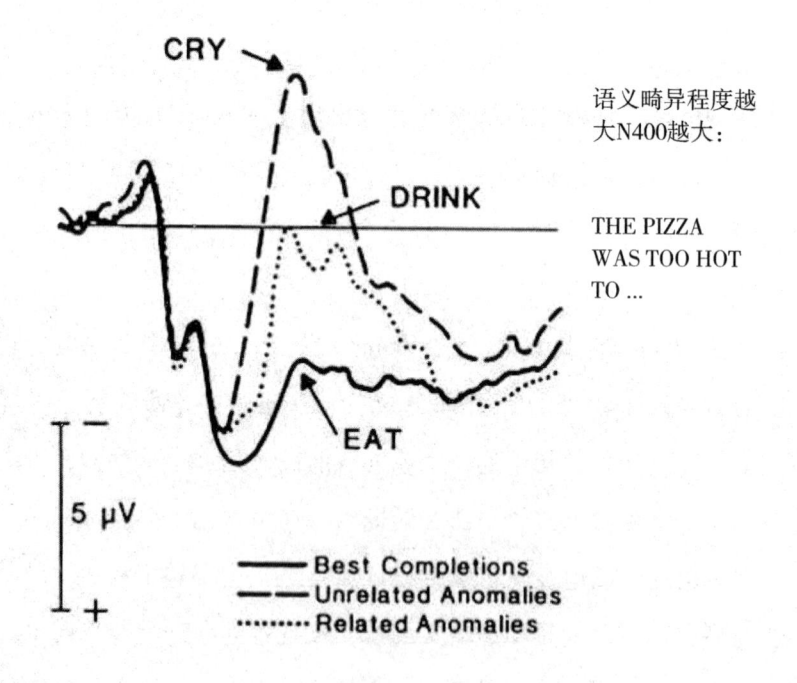

THE PIZZA WAS TOO HOT TO …

图 11　N400 随语义畸异程度变化示意图

目前一般认为 N400 与长时记忆的语义信息的提取有关，被认为反映了单个词语或者句子语境中一个刺激词和它的语义表征之间的搜索联系过程（例如，Kutas & Vanpetten，1989；Rugg，1990；Bentin, Kutas, & Hillyard，1993），也可能是一个后词汇加工的语义整合过程（例如，Rugg，1990）或者是一个反映语义自动激活的语义启动过程（例如，Bentin, Kutas, & Hillyard，1993）。但进一步研究发现，与 P300 相似，N400 也有许多子成分，分别与不同的认知过程相关，有彼此不同的脑内源。而且也发现 N400 不仅与语言加工有关，面孔、图画等非语言刺激也能诱发 N400。

除了以上这些主要的脑电成分外，研究者新近从汉语词汇认知研究中也发现了一个只与语言加工相关的成分，即 N200（张学新等，2012）。该成分对非语言材料不存在，而且对拼音文字也不存在。但是目前对 N200 的研究还刚开始，需要更多的证据做深入探讨。此外，对词汇识别早期形音信息加工的脑电标识（如 N170，P/N200，N250，N300 等）的研究也是最近神经科学研究的热门问题。比如，著名国际学术刊物 *Biological Psychology* 于 2009 年以专刊形式集中探讨 N400 之前的早期成分反映什么样的词汇信息加工，对这一方面的现状和热点问题进行了深入总结，并指出未来研究的方向。

第四节　拼音文字词汇语音认知的 ERP 研究

如上所述，在阅读心理学研究中，第一个被确认的与语言认知加工有关的成分是 N400，它是在刺激呈现之后大约 400 毫秒后出现的一个负波。研究发现它与语义加工有关。但是研究也发现 N400 也对语音加工比较敏感，因为研究发现不符合语音规则或者不能发音的字母串不能产生 N400，如不合法的非词（illegal nonwords）。

另外，有一些研究表明 P200 成分——视觉单词呈现约 200 毫秒后出现的一个正波——可能与词汇识别中的语音和正字法特征加工有关。比如，在一个英语词汇的同韵判断任务中，Kramer & Donchin（1987）研究了单词形音加工与 P200 效应之间的关系。他们发现，P200 的波幅随着形音信息之间的不匹配而增强。当单词的形音信息都一致时，P200 波幅最小；当字形或者语音信息中的一个不同时，P200 的波幅居于中间程度；当单词的形音信息都不同时，P200 的波幅最大。根据这些研究，Kramer & Donchin 认为单词的形音信息，包括其信息提取和交互作用，可能发生在信息加工过程的早期刺激分类阶段。这一结论在随后的一个希伯来语词汇识别研究中得到证实。Barnea & Breznitz（1998）使用同—异字形判断任务（same-different orthographic decision task）和同韵—非同韵判断任务（rhyme-nonrhyme decision task）来研究单词形音信息与 P200 之间的关系。他们在两个任务中都发现了 P200 效应。这些发现表明 P200 跨语言稳定出现，反映了单词形音信息的交互加工。有研究也发现 P200 在某些实验条件下受到英文词的拼读规则性的影响（例如，Sereno, Rayner, &posner, 1998）。

但是其他研究却得出了不一致结果。如 Ziegler, Benraiss, & Besson（1999）在语义判断任务中就发现，在 400 毫秒之前同音和非同音词之间没有产生任何 ERP 上的差异。Kutas 和 Vanpetten（1994）也发现单词重复不能产生可靠的 P200 减弱。Bentin, Mouchetant-Rostsing, Giard, Echallier, &pernier（1999）发现在 270 毫秒之前可发音的和不能发音的字母串之间不产生任何 ERP 差异。看起来在 270 毫秒处产生的 ERP 差异不像是 P200 的一个延迟。

除了 P200 和 N400 成分外,也有一些研究发现其他对单词形音加工比较敏感的 ERP 成分。例如,Niznikiewicz & Squires（1996）在实验中设置了四种词对条件,分别为同音（plain – plane）、同形（plain – plaid）、语义相关（plain – dull）和无关（plain – fast）四种词对,要求被试进行语义相关判断。结果显示同音词对诱发的 N200 波幅最大,同形词对、语义相关或无关词对产生的 N200 较小,且三者间无差异。作者认为 N200 波幅的增加可能与词汇形音分析的输出冲突的探测有关。但是大多数研究都发现 N200 是与听觉词汇的语音加工有关（Connolly, J. F. et al., 1990, 1992, 1994）。Bentin 等（1999）使用 ERP 技术来研究单词不同水平的信息加工。他们使用了各种任务,包括字体辨别（font discrimination）,同韵探测（rhyme detection）,词汇判断（lexical decision）和抽象判断（abstractness decision）。他们在字体辨认任务中发现单词正字法信息在 170 毫秒处激发了一个显著的负波,被称为 N170。在同韵判断任务中,他们发现两个同韵单词在 320 毫秒处激发了一个负波。而且也发现晚期成分 N400 也与词汇语音加工有关。看起来,拼音文字词汇识别时其早期语音信息的加工及其脑电反应标识的关系还需要更深化的考查。

第二章

汉字语音的认知研究

在接下来的章节中，我们集中于汉语文字系统及汉字识别研究。本章将首先总结介绍汉字系统的一些显著特征，然后回顾与之有关的研究。与拼音文字语言相比，汉语文字系统常被认为是表意文字的典型代表，其有明显的深层正字法。正字法深度对汉语字词识别的影响可能完全不同于英语正字法对其词汇识别的影响。因此，汉语词汇识别中语音作用和语音加工神经机制的研究能为语言特异性加工过程（orthography-specific processes）提供更多地深入探索（例如，Frost et al.，1987）。

第一节　汉语书写系统的独特性

与拼音字母文字相比，汉语书写系统至少有三个显著的独特特征。第一个特征是书面汉字可以被看作一种语素文字（例如，Leong，1973）或者素音节文字（morphosyllabic）（例如，DeFrancis，1989；Mattingly，1992）。汉语的一个字是一个基本的书写单元，对应口语中的一个音节，而不是一个音素。因为汉语中没有对应于音素的解码单元，所以在汉语中没有形音对应规则（grapheme tophoneme correspondence）。一个汉字可以是一个词，也可以与其他的字结合形成多字词。汉字由部件组成，而且这些部件自身可以单独成字，其发音和意义不同于整字。最近提出的汉字拼义理论试图超越这些对汉字表层特征的描述性观点，而从心理学和脑科学中语义网络的角度为刻画中文词汇的本质属性提供了一个新的视角（张学新，2011）。

第二个特征是现代汉语中85%以上的汉字属于形声字，而且这一数字还在增加之中（Zhu，1988）。形声字由两个功能上完全不同的成分组成：声旁和义旁。义旁通常在字的左侧，声旁通常在字的右侧。声旁自身基本上就是一个字，只有少数例外，有其自身的发音和意义。义旁可以为整字的语义提供一种语义线索，但声旁通常为整字的发音提供一种发音线索。但是许多形声字的声旁与整字的发音不完全一致（Shi，1986；Xi，1979），据统计只有大约三分之一的形声字其声旁发音与整字完全一样（例如，Fan, Gao, & Ao，1984）。可见，声旁虽然对单词通达有作用但其作用非常有限且不可靠。

第三个特征是汉字中同音字众多。在汉代汉语中，4574个常用汉字组成了总数多达1800000字的语料库，其中前2000个汉字又占到了总语料的98%（现代汉语频率词典，1986）。在汉字中如果不考虑声调的不同，只有大约420个音节。因此，大约4500个汉字对应420个音节，平均每11个汉字对应一个音节。但实际上，有些汉字的同音字更多。比如，根据汉代汉字词典，xi1一共对应76个汉字。此类例子比比皆是，而且，这些同音字的字频往往差异巨大。像同音字xi1中，最大的字频为930次/百万，最低的为0.6次/百万（见现代汉语频率词典，1986）。

第二节 汉语视觉词汇语音认知研究

汉字书写系统的独特特征曾导致汉语词汇识别领域产生了一种被大多数研究者广泛认可的假设,即汉字的语义通达不需要语音的涉入,语义是借助于视觉直通通路获得的(例如,Baron & Strawson, 1976; Hoosain, 1991; Hoosain & Osgood, 1983; Treiman, Baron, & Luk, 1981; Tzeng & Hung, 1978)。这一观点在20世纪90年代之前一直很流行。之后,随着更多研究的开展和新实验结果的出现,这一观点受多很多质疑。各种各样的任务,包括快速启动任务,语义相关的任务(如语义类属判断,语义相关性判断,语义判断任务)及Stroop任务等都被用于考查汉字语音加工(例如,Chua, 1999; Spinks, Liu, Perfetti, & Tan, 2000; Tan & Perfetti, 1997; Xu et al., 1999)。但即使如此,目前关于这一问题还是没有定论(例如,Chen et al., 1995; Leck, Weekes, & Chen, 1995; Zhou & Marslen‑Wilson, 1999; Zhou, Shu et al., 1999)。在接下来的章节中,我们详细回顾之前汉语词汇语音认知加工研究。

一、汉字形音信息激活时程研究

语言认知研究者一般认为成人熟练阅读者的大脑中都有一个内部词典,它用于储存我们学过的单词的形音义等词汇知识(例如,M. Coltheart, 2004; Treisman, 1960)。这个内部词典被称为心理词典。在阅读中,从字形表征到语义表征可能存在着两种通路。一个是直接的视觉通路,另一个是间接的语音通路。词汇语义可以并行通过两通路获得。如果间接的语音通路加工速度慢于直接的视觉通路，语义就能由直接通路激活，在这种情况下，语义的激活早于语音激活。如果语音的激活早于语义，语音就有机会来作为语义激活的中介并可能影响语义的激活。因此，汉字词识别中很多研究都集中在语音和语义的激活时程上，这方面的研究可以为语音是否在语义激活中起作用提供证据。

在20世纪90年代之前，语义激活早于语音的假设被广泛认可，也有很多证据支持（例如，Baron & Strawson，1976；Hoosain & Osgood，1983；Treiman, Baron, Luk，1981；Tzeng & Hung，1978，也见 Hoosain，1991年关于此问题的详细文献回顾）。该假说的支持者认为，语义激活早于语音激活是由汉字系统的特征决定的。如上所述，汉字是一种深层正字法语言，汉字代表意义，没有形音转换对应规则，汉字的义旁能为整字语义加工提供线索，而声旁的表音有效性也很低，这一切似乎说明汉字的语义激活快于语音激活是不言而喻的。

但是自从90年代初以来，Perfetti 和他的同事们开展了一系列的研究来重新考查这一假说，他们发现汉字语音的激活要早于语义激活，并从理论和实证两方面论述了汉字语音为何早于语义激活（例如，Perfetti & Tan，1998；Perfetti & Zhang，1991，1995a，1995b；Tan, Hoosain, & Peng，1995；Tan, Hoosain, & Siok，1996；Tan & perfetti，1997）。他们指出，第一，虽然汉字文字系统可以称作素音节文字系统（Leong，1997），它在音节水平上还是能提供词汇的语音表征（例如，Perfetti & Tan，1998）。这说明汉字识别中一定涉及语音信息。第二，书面汉字中有大量常用的同音字。在日常阅读中，因为这些同音字被多次重复学习使用，很容易就能形成汉字形音之间的强联结，这可能导致汉字语音的快速激活。而且，形音之间的联结是一对一的。但是在字的形式（包括字形和字音）与字的语义之间的连接却是一对多的。形音之间相对高的对应联结关系决定了汉字的语音激活要早于语义（例如，Perfetti & Tan, 1998；Perfetti & Zhang, 1995b；Tan et al., 1995；Tan et al., 1996）。

支持他们的语音早于语义的假说的证据来自多个研究，这些研究使用后掩蔽任务书（Tan et al., 1995；Tan et al., 1996），语义判断任务（Perfetti & Zhang, 1995b；S. L. Zhang, Perfetti, & Yang, 1999）和 ERP 实验（Y. Liu et al., 2003）。比如，Perfetti & Tan（1998）考查了汉字形音义三种信息的激活情况，研究使用了启动命名任务。在这个研究中，一个目标字被不同的字启动，包括视觉相似字，同音字，语义相关字。他们发现目标字在启动和目标不同时呈现43毫秒时（即 SOA = 43 毫秒，启动字呈现43毫秒后消失，目标字随之出现），只有形似字可以促进目标字的命名；在57毫秒时只有同音字可以促进目标字的命名；在85毫秒时语义相关字可以启动目标字的命名。在随后进行的一个 ERP 实验中，他们发现在语音判断任务中出现语义干扰效应，但在语音判断任务中，没出任何语义干扰效应（Y. Liu et al., 2003）。值得注意的是这些研究（例如，Perfetti & Tan, 1998）难以被重复验证，即使使用同样的实验材料和实验程序（见 H. C. Chen & Shu, 2001）。

许多研究发现都不同于 Perfetti 及其同事的研究结果（例如，H. C. Chen & Shu, 2001；Zhou & Marslen - Wilson, 1999, 2000；Zhou, Shu et al., 1999）。Zhou 等人认为汉字的形音义之间的对应全都是随意的（Zhou & Marslen - Wilson, 1999, 2000；Zhou, Shu et al., 1999）。虽然形义和形音之间的对应都是随意的，但由于从语音到语义之间的这一个多余步骤需要更多的时间来完成，所以语音在词汇语义激活中可能不被使用，沿着形义通路的加工要远比形音义这条通路的加工更加有效。这种观点与普遍直通假设一致。依此假设，语音的激活要落后于语义激活。这些研究者也使用多种实验范式，包括语义类属判断、后掩蔽字识别、掩蔽语音启动词汇判断和命名任务等（例如，Zhou & Marslen - Wilson, 2000; Zhou, Shu et al., 1999; H. C. Chen et al., 1995; Ju & Jackson, 1995; Shen & Forster, 1999; Zhou, Marslen - Wilson, Taft, & Shu, 1999）。

在音义时程方面的研究中需要指出的一点是研究者在音义激活具体的时程上有很大的分歧。在这些研究中，音义激活时程经常以 SOA 作为一个指标。例如，Perfetti & Zhang（1991，实验一）在一个命名任务中发现同音和语义相关启动都在 50 毫秒时启动目标字加工，但是在后续的研究中，(Perfetti & Tan, 1998) 却得出了不一致的发现。在启动使任务中，他们发现语音的启动效应在 57 毫秒时就产了，但语义的启动效应却推迟到更晚的 85 毫秒。这一结果也被证实难以得到重复验证。使用同样的实验材料和实验程序，Chen 和 Shu（2001）就未能重复 Perfetti 和 Tan（1998）的结果。Chen 和 Shu（2001）发现在 43, 57 和 85 毫秒时，语义启动词都有极强的启动效应，但语音启动词只在 57 毫秒时产生启动效应。Zhou 等人在语音中介启动命名任务中也发现在 43 或者 57 毫秒时就有显著的语义启动效应出现（Zhou & Marslen - Wilson, 2000; Zhou, Shu et al., 1999）。但是，W. Zhang, Feng & He（1994）等人甚至发现同音启动词在 25 和 35 毫秒时就对高频目标词加工产生了促进作用，但语义启动效应只在 45 毫秒时才产生。

很明显这些研究结果之间存在着很大差异。研究者也讨论了相关的一些原因。第一个原因可能与字类有关。Leck, Weekes 和 Chen

(1995)发现,当被试被要求识别合体目标字时,同音字比控制字造成了更多的错误正反应。但是,当要求被试识别独体字时,就没有语音干扰效应产生。在他们的研究中,独体字是指不包括单独的部件的字,如"大"字,只是由交叉的笔画组成。而一个合体字指包含两个或多个部件的字。Weekes, Chen 和 Lin (1998) 的另一个研究重复了他们之前的结果。在这个研究中,他们发现语音和语义对合体目标字的启动效应在50和80毫秒时都出现了,但在所有的时间点上(30,50和80毫秒)都没观察到语音对独体字的启动效应,而语义启动字对独体目标字的启动效应却出现在50和80毫秒时。他们认为对于独体字来说,毫无疑问形音对应之间的对应具有高决定性,但对于合体字而言,形音之间的对应肯定不是一对一的关系。根据这一理论解释,合体汉字音义信息的激活是同时发生的。

第二个原因可能与字频有关。Weekes 等人 (1998) 也指出书面汉字字频可能是一个制约汉字音义激活的重要原因。Chen 等人 (B. Chen & Peng, 2001; B. Chen, Wang, & Peng, 2003) 发现高低频汉字的激活时程不同。对于低频字来说,音义激活的时间一样,而高频字中语音的激活慢于语义。

最后,研究者也指出实验任务本身可能也会决定语音激活的强度。(Perfetti & Zhang, 1995b; Zhou et al., 1999)。比如,高度偏向语义加工的任务(如语义类属判断任务、词汇判断任务等)可能会使词汇加工中的语义激活强于语音激活,但启动命名任务则可能更偏于较强的语音激活。

二、使用语义判断相关任务的研究

时间进程的研究只能为语义激活中语音作用提供一个间接的证据。

许多研究者使用语义判断相关的任务来直接探索语音的作用（例如 H. C. Chen et al., 1995；Chua, 1999；Leck et al., 1995；Xu et al., 1999）。在一个使用语义类属判断任务的研究中，Leck 等人（1995）要求被试判断一个独体字或合体字代表的事物是否属于某一个类属，或是该类属的一个正确例子。他们操控正确目标字与替代字之间的关系，分别有视觉相似，语音相似或两者都相似。结果显示，对于独体字来说，只有视觉相似字的否定反应需要较长时间（如母—毋）。但对于合体字来说，视觉相似字，无论他们的语音相似性如何，都难以做出否定的反应。相反，语音相似但字形不相似的替代字很容易被拒绝，即很容易判断该字代表的事物不属于该类属。Leck 等人认为汉字加工中，语音和字形两种信息都被用于语义通达，虽然视觉通路可能起更主要作用（尤其是对独体字来说）。根据英语中的研究（Jared & Seidenberg, 1991），语义类属任务中目标字的频率是一个重要变量。当目标字是高频字时，语音的干扰效应不可能被观察到。在 Leck 等人的研究中，他们并没有操控目标字和替代字之间的相对字频，例如，"狐"是一个低频字，但其视觉同音字"弧"也是一个低频字，而其形异同音字"湖"却是一个高频字。这或许是他们没有发现形异同音字上无干扰效应的一个原因。

在使用语义相关判断任务中，Xu 等人（1999）发现目标字（如"蝉"，该字与最初呈现的线索词具有语义上的相关性，如"知了"）的同音字（如"禅"）上出现了显著的干扰效应。不管同音字与目标字有没有视觉上的相似性都能产生显著干扰效应。他们也发现形似非同音字和控制字相比，更难以做出否定判断。他们认为在汉字语义通达中存在两条通路，一条是形义之间的直接通路，另一条是语音中介的通路。他们的研究材料包括高低频两种字。因此他们认为汉字语音的解码是自动发生的，并不仅仅局限于低频字。另一方面，他们也指出研究中没有很好地控制目标与替代字之间字频，所以还需要更多研究进一步考查字频如何影响同音和形似字的效应，以更好理解并行通达模型。

使用成语判断任务（idiom judgment task），Chua（1999）也发现目标字的一个同音字比控制字更难做出否定判断，不管该同音字是否与目标字视觉相似。但是如果一个字与目标字只视觉相似而不同音的话，在判断任务中它就比较容易被拒绝，即容易判断它不是一个成语。他们认为早期自非词汇通路产生的语音激活在汉字语义通达中起着重要作用。除了这些研究，Chen 等人进行的研究得出了一些不同的结果。Chen 等人（1995）在一个语义类属判断任务中首先呈现类属名称（1500 毫秒）然后出现一个目标字，呈现时间为 500 或 1000 毫秒，然后出现一个掩蔽物。他们发现被试需要更长时间来拒绝字形相似但不同音的目标字，而且在这些字的判断上出现的错误比控制字多。相反语音相同而字形不同的目标字很容易就被拒绝。Chen 认为语音在汉字识别中可能不是自动激活的，对语义激活也不起什么作用。即使如此，在他们的研究中，他们也发现被试在同音字判断上出现的错误要多于控制字。与 Leck 等人（1995）的研究相比，在 Chen 等人的研究中，他们同时使用了独体字和合体字。两种类型字的混合出现可能导致难以观察到语音干扰效应。

三、使用 Stroop 任务的研究

Stroop 这一范式的研究可以追溯到 James McKeen Cattell（1886）的研究。Cattell 在他的论文中报告了客体或者客体的特性（颜色）命名所

需的时间要比相应的读词所需时间多。他对这一现象的解释是"对于词和字母来讲,词与其自身意义的联结在生活中经常发生,因此这一过程就会变得自动化,而对于颜色和图片来讲,我们必须通过主观的努力才能选择其名称"。Cattell 关于自动化/控制化加工的研究对后来的心理学家产生了极大的影响。

在心理学中,Stroop 效应是反应时任务的一个范例。当一个颜色词(如蓝、绿、红等)用另一种颜色来书写,这种书写颜色与其语义所表示的颜色相冲突(比如,用红色来书写"绿"字),那么对该词书写颜色的命名时间相比书写颜色与词义所表示的颜色一致的情况下(比如,用红色来书写"红"字)要长。John Ridley Stroop 于 1935 年发现了这一效应,所以就用他的名字 Stroop 来命名该效应。Stroop 非常关心怎么才能很好地解释干扰效应。他和他的导师 Peterson 从事了很多颜色命名和读词的研究,后来将字词和颜色两个维度进行复合,这样就产生与书写(或印刷)颜色不一致的刺激。他关心两个主要的问题,一个是当被试试图去命名一个维度时另一个维度会受到什么样的影响,另一个问题是练习对观察到的干扰效应有什么影响。实验结果总体上表明练习确实可以合理解释他发现的这种干扰模式。这一结果与 Peterson 等人(1925)的解释是吻合的。Peterson 等人(1925)认为词引起的是"读音"这一单一的反应,而颜色引起的是一种复合反应,因此,命名颜色要比读词要慢。

不同语言文字中使用 Stroop 任务得到的结果并不完全相似。Biedemran 和 Tsao(1979)在中文 Stroop 效应的相关研究中发现,中文被试在 stroop 任务中比英语被试表现出更多的干扰。Fang,Tezng 和 Alva(1981)发现,语言间差别越大,这两种语言的双语被试在语词间的

Stroop任务中干扰就越少。中文和英文差别较大,而法文和英文较为接近,中—英双语被试在语言间的Stroop任务中产生的干扰就不如法—英双语被试大。Tsao和Wu(1981)证实,色词呈现在中文被试的右半球时产生的干扰较大,而英文被试则在左半球产生较大的干扰。

  Stroop范式也被用来探索语音在语义加工中的作用。在汉语研究中,Spink等人(2000)采用这一范式发现语音在汉字识别中是自动激活并在语义激活中起着重要作用。在他们的研究中,他们要求被试对字的印刷颜色进行快速命名。他们的实验中包括颜色字,颜色字的同音字,颜色字的语义关联字和中性控制字。他们首先在颜色字上发现了经典的stroop效应,即颜色字(例如"红")在一致条件下(字的印刷颜色与字义一致,如红色印刷的"红")字的命名时间显著变快,不一致条件(如绿色印刷的"红")下字的命名时间显著变长。他们的关键研究结果是在同音颜色字中也发现了类似的效应,只是同音字的效应弱于颜色字的效应。比如,"洪"与"红"同音不同义,当它们的印刷颜色为红色的时候,与控制组相比,二者命名的速度显著加快了,而当它们的印刷颜色为绿色的时候,与控制组相比命名的速度显著变慢了。随后在一个阅读发展研究中,该组研究成员对7~23岁被试进行了同样的颜色命名研究,同样得到了上述的结果(例如,Guo, Peng, & Liu, 2005)。因此,Spinks等人(2000)认为这一发现证明了语音的早期激活,说明语义完全是通过语音信息来通达的。他们认为他们的结果支持LCM(Lexical Constituent Model)模型。该模型认为汉字语义激活过程中存在这两条通路。一是直接通路,另一个是形音义的间接通路。但该理论强调语音是字词通达过程中起强制制约作用的一个成分(Perfetti & Tan, 1998)。根据这个模型,中文意义即使可以通过字形直接通达,但是语音仍然会在早期限制语义的激活。

然而，在 Spinks 等（2000）的研究中，连续随机呈现一个小系列的刺激（4 种颜色字和与其相关的同音字），被试很有可能快速地意识到颜色字与字的印刷颜色的关系，更重要的是，他们同样很有可能意识到颜色字和同音字的关系。这种外显的意识与注意可能会提高这一组数量较少的颜色字和它们的同音字的语音激活水平，从而产生他们所看到的促进和干扰效应。众所周知，在 Stroop 任务中，刺激系列的组成可以影响被试的反应策略。特有的刺激组成导致的加工策略是否会影响 Spinks 他们的结果，这一问题还有待考究。

另一种可能性是，Spinks 等人发现的语音激活可能反映的是类属名称的启动。如前文所述，很多英文的研究已经发现特有的类属名称可以启动高频的范例（例如，Balota & Chumbly，1984；Jared & Seidenberg，1991）。如在语义范畴任务中，Jared 和 Seidenberg（1991）发现高频类属范例的同音词（同样是高频）只会在类属（范畴）名称是一个具体的名称（school employee）时才会产生干扰效应（与控制组相比，更难拒绝范例不属于该类属），而在类属名称是一般意义上的名称（living things）时，这种干扰效应就不会发生。但低频的类属范例不受类属名称的特异性操纵，不因类属名称大小而发生效应上的变化。Jared 和 Seidenberg（1991）认为这是因为特异的类属名称能够使其高频范例的语音和语义信息得到预激活，从而人为夸大了语音的作用。所以 Jared 和 Seidenberg 认为当存在一些来自特异性类属名称的启动的时候，语音干扰效应对"语音在语义激活中是否起作用"这一问题来说并不是一个有效的指标。

在 Spinks 等人的实验中，虽然用的是颜色命名任务而不是语义范畴判断任务，但是被试加工的是一个特异范畴中一个小系列的可命名的颜色，尤其是它的四个高频范例（红、黄、蓝、绿）。因此，在这个研究中所发现的 stroop 效应很有可能反映的是特异范畴名称带来的预激活，而不是语音激活及其在语义激活中作用的强制性。这些可能性需要进一步的验证。

四、使用语音中介启动范式的研究

除了语义相关判断任务以外，语音中介启动范式（phonologically mediated priming）的实验研究也可以获得支持或反对关于语音在汉字语义激活中的作用的直接证据。但是使用这一研究范式的两个实验研究却得出了完全冲突的结果。比如，Tan 和 Perfetti（1997）在使用该任务范式的研究中操控以下几个因素：同音密集度（低、中、高）、启动类型（同义、同音、控制）和 SOA（129 毫秒，243 毫秒和 500 毫秒）。该实验里的同音密集度指的是一个字具有的同音字数量，不管同音字的声调是否相同。研究显示以下结果：①目标字的语义启动字、语义启动字的同音字都对目标字的命名产生促进作用；②语音启动效应只在同音字较少时出现，当一个字有很多同音字时，没有语音中介启动效应；③语义启动字的启动效应受到同音字多少的影响。有多个同音字的语义启动字的启动效应小于有较少同音字的语义启动字的启动效应；④语义启动字总是比语义启动字的同音字的启动效应大；⑤所有的同音启动效应只在 129 毫秒和 243 毫秒出现，在 500 毫秒时只有语义启动字产生启动效应。根据这些结果，他们认为语音对语义激活的作用要受到同音密集度的制约。

据此发现他们提出了语音扩散假设，而不是语音中介假设。他们认为语音扩散这一概念更适合用于描述解释汉字识别中的语音作用。他们推测从语音心理词典中产生的激活总量是固定有限的，这些激活会扩散到所有同音字的所有语义表征上。因此，在某一个语义表征上的激活量要看总共有多少语义表征分享这些激活。语义表征越多，某一个语义表征上得到的激活可能就更少。因此，语音更可能成为只有少数同音字（意味着只有少数语义表征）的汉字的语义通达中介。在他们的研究中，他们也没有操控语义启动字和语义启动字的同音字之间的相对频率。

随着该研究小组更多的进展，他们提出了汉字识别的词汇成分模型（Lexical Constituent Model，LCM）。该模型中，他们认为汉字语义通达涉及语音激活，而且语音激活在汉字识别中是一定快速激活的。因为语音在语义之前快速激活，所以语音制约着语义激活。值得注意的是，在该模型中，他们抛弃了常用的语音中介这一词语而是选用"调和（negotiate）"一词来明确说明汉字认知识别中语音的作用。用"调和"一词是因为他们认为汉字的语音是和正字法信息一起共同激活语义的，即使在此模型中他们认为语音的制约作用是第一位的。另外，他们也认为，即使语音不能直接导致汉字语义的激活，它也能有助于该汉字的确认（stabilize character identity）（Perfetti，et al.，2005）。

但是，Tan 和 perfetti（1997）的研究无法重复，即使使用同样的材料和程序（Zhou & Marslen-Wilson，1999）。在一系列使语音中介范式的实验研究中，Zhou 和 Shu 等人（1999）使用双字词、单字词和假词作为实验材料，同时系统操控同音密集度、语义启动字和语义启动字的同音字之间的相对频率。在词汇判断任务中，他们发现双字词在 100 毫秒时既没有出现语义启动字的同音字中介启动效应，也没有假同音词启动效应。对于单字词，语音中介启动效应在43、57和200毫秒时都没有促进目标字的命名。根据这些结果，Zhou等人认为汉语单双字的语义通达中语音都不起作用。

在后续的一个研究中，Zhou和Marslen-Wilson（1999）进一步发现语音的中介作用只在某些条件下出现。比如，他们在实验一中发现在较短的SOA条件下（43毫秒和57毫秒）或者在较长的SOA条件下（200毫秒），不管同音密集度如何，如果中介启动字是一个不规则字或者视觉上与语义启动字不相似，那么就不会现出语音中介启动效应。但是，当系统操控语义启动字和中介启动字的字形相似性时，他们发现，当中介字是语义启动字的规则同音字（虽然字形不相似，例如，瞧—桥），或者是一个不规则字（包括同音与非同音字）但与语义启动字字形相似时（例如，肚—杜—社），或者既规则又字形相似时（例如，沟—钩），目标字命名受到中介字的显著启动。这些发现部分地支持了Leck et al.（1995）的研究结果，进一步表明语音在语义获得中的作用依赖于汉字的视觉相似性。依据这些结果，Zhou和Marslen-Wilson认为汉字的字义通达同时受到汉字形音的交互作用的制约，但是汉字字形的作用要明显优于汉字语音的作用。对于汉字来说，字义主要是通过形义之间的直接通路完成的。语音在其中并不一定起作用。只有在特定的汉字加工中语音才起一定作用（如规则字加工）。

以上这些研究表明Perfetti等人的研究发现与理论还有待进一步商榷和验证。除此之外，还有其他的使用脑损伤病人的汉语研究表明汉字语音不是汉字语义通达的优先制约因素，获得汉字字意不一定需要汉字语音。研究发现，一些脑损伤病人，具有语音加工缺陷，但是理解视觉汉字时，仍能够正确无误（例如 Bi, Han, & Zhang, 2009；Han & Bi,

2009）。周晓琳等人（1999）曾用一例汉语失语症患者 LY 探讨这一问题。该患者在口语产生任务中成绩较差，且主要犯语音错误，但 LY 对视觉词汇理解能力相对保留。所以，他们认为 LY 的表现为语音中介假说提供了反证。韩在柱和毕彦超（2009）报道了一位汉语脑损伤个案（YGA）。该病人的行为模式为汉字语义通达中语音不一定起作用提供了直接证据。他们发现 YGA 存在图形命名和口语阅读困难，并在这两个任务中犯了大量语音错误，而且图形命名中还犯了大量语义错误。这表明 YGA 在通达语音表征的过程中出现了障碍，但是，他对词汇的视觉理解能力却保存完好。他的这种模式挑战了阅读理解的语音中介假说，进而为直接通达假说的语言普遍性提供了证据。

概括来说，目前的汉字认知研究并没有就语音在语义通达中的作用得出一个一致观点，关于语音的作用仍然充满争论。目前比较接近共识的看法是汉字语义激活可以用双通路模型进行解释，但语音到底在多大程度上起作用却是争论的焦点（例如，Xu et al.，1999；Zhou & Marslen – Wilson，1999），而且，研究者对于语音的作用是否受到多种因素的影响也有不同看法（例如，Xu, et al.，1999；Zhou & Marslen – Wilson，1999）。

五、汉字语音认知脑机制的 ERP 研究

汉字识别中关于语音认知加工的 ERP 研究并不多。早期中文词汇识别的 ERP 研究中，Valdes – Sosa, Gonzalez, Liu, & Zhang（1993）发现在一个读音判断任务中，一对同音字只产生减弱的 N400，但没有出现 P200，他们认为这反映了汉字语音的后词汇激活。使用语义相关判断任务，让被试判断形似字对、同音字对和同义字对，Liu, Perfetti 和

Hart（2003）发现与控制字对相比，具有相同声旁的高频形似字对产生减弱的 P200，但是高频形异同音字对没有产生 P200，只有减弱的 N400。另一方面，在同音判断任务中，语义相关字对却没有产生任务的 N400 效应。根据这一结果，Liu 等人认为在汉字识别中，汉字语音的激活要早于语义。

Chen 等人（2007）使用发音判断任务进一步考查了高低频形似、音同和同义汉字字对的 P200 和 N400 效应。结果进一步证实高低频形似字对都产生减弱 P200 和减弱 N400，但高频同音字对无 P200 和 N400 效应，只有低频同音字对产生更大的 P200 效应和减弱 N400 效应。这些发现表明汉字字形、语音和语义的激活时序受到汉字频率的影响。在低频字中汉字，激活时序依次是字形、字音和字义，但在高频汉字中，激活时序依次是字形、字义和字音。但是这些研究存在着一些研究方法上的不足，导致他们的研究前后存在着不一致的地方。

Zhang，Zhang 和 Kong（2009）使用更严格的实验控制来探讨汉字识别中形音信息的激活时序。他们使用语义相关判断任务，让被试判断一对同音字是否具有语义关系，结果显示，与形音义都不相似的控制字对相比，只有低频同音字对导致更强的 P200 激活和减弱的 N400 效应，高频同音字对只出现减弱的 N400 效应但没有 P200 效应。这些结果重复了 Chen 等人研究的主要结果，但进一步证明高频汉字中字义的激活不晚于语音。在最近的一项研究中，Kong 等人（2010）进一步考查了 P200 和汉字词汇水平语音加工的关系。研究使用语义判断任务，要求被试对没有语义关系且形异的同音、同韵和无关字对的进行判断。结果发现同音和同韵字对都导致了更强的 P200 效应，且效应没有差异，表明 P200 能够单独受到汉字词汇水平语音加工调节，而不受亚词汇语音、词汇或亚词汇水平正字法的影响。以上这些研究表明 P200 与汉字的语音和字形加工有密切关系，是汉字识别早期语音快速激活的标识。以上 ERP 研究将在后文第六、七两章中给予详细介绍。

以上这些 ERP 汉字语音加工研究多使用启动异同判断任务，探讨汉字语音加工时序及其与汉字形音信息加工的关系，或者探讨汉字语音加工与 P200 的关系。除此之外，还有一些 ERP 研究使用非启动范式，比如，单字默读任务，发现汉字的一致性效应影响 P200。具体而言，研究发现低一致性汉字比高一致性汉字诱发更大的 P200（例如，Hsu et al., 2009; Lee et al., 2007）。在汉语中，一致性指的是包含同一声旁的汉字如何共享同一发音。它是形音之间的统计对应，也是字形相似性影响单词语音如何表征的一种统计对应。但是，即使这些研究结果表明 P200 可能与形音之间的交互作用有关系，可以标识汉字语音的早期激活，它仍然难以清楚说明这些交互作用是如何导致 P200 效应产生的。关于汉字语音加工脑机制仍需进一步的研究。

除了国外的多个汉字语音加工 ERP 研究之外，中国的心理学家及心理语言学研究者如魏景汉、罗跃嘉、张武田等也进行了一系列关于汉字形音义加工的 ERP 研究。比如，罗跃嘉、魏景汉（1997，1998），罗跃嘉（2001）分别使用汉字形音义正启动和词义联想等任务，对汉字形音义的关系进行了全视野和半视野的研究，他们发现大脑两半球在汉字认知加工中关系极为复杂，其差异不能简单归结为哪一个半球占优势。汉字的视听认知具有不同的脑机制，听觉效应为右半球优势，视觉效应则出现在左侧顶叶、颞叶后部和右侧枕叶。对于汉字认知加工来说，其加工始于 100～160 毫秒之间，当有适当的语境时汉字的加工时间可以缩减。而且对于汉字的语义通达来说，也不能简单地归结为是否通过语音中介来获得语义。在汉字认知中，形音义均存在着加工与再加工的反复过程，形音义加工是交错进行的，形音加工与语义加工时间可能有部分重叠，三者关系比较复杂，难以区分。

　　此外，张武田（1988）的研究中分左右视野呈现同音字对或者形似字对，结果发现当字音匹配时，P300 的波幅左半球显著小于右半球，但形似字对左右半球的 P300 无差异。结果似乎表明左半球与汉字词匹配时的语音编码有关，而 P300 似乎可以做它的一个有效指标。以上这些汉字语音加工的 ERP 研究涉及多个方面，研究结论也不尽相同，可能与实验设计上的不足有关系，也可能是由于实验范式的不同造成的。但也进一步说明汉字语音的认知加工脑机制比较复杂，需要更深入的探索。

第三章

汉字语义激活中语音作用的研究

在前述章节中,我们回顾了汉语词汇识别中语音作用的理论和相关实证研究,并指出了一些需要进一步考查的重要问题,比如,目前关于语音是否在汉字语义激活过程中起作用还没有一致的结论,语音在语义通达中是不是必需的等问题,还有在实验中关于字频控制和匹配等问题也是今后的研究中应该加以重视和解决的。在本章中我们集中探索汉字阅读中语音作用这一阅读心理学和词汇识别研究所关心的核心问题。本章包括一系列三个行为反应时研究,分三节报告,每一研究均包括一系列实验。

第一节 汉字语义激活中语音作用的 Stroop 范式研究

基于对已有 Stroop 研究的分析,我们在目前的研究中使用 Stroop 范式对这一问题进行深入研究。正如我们前边章节中提到的,Spinks 等人(2000)的研究还存在着一些问题,包括实验材料及其结果解释都需要进一步验证。我们进一步考查反应策略和范畴名称启动是否在他们发现的语音激活中起到作用，以期进一步验证 Spinks 等人在 Stroop 范式下关于汉字语音作用的发现。我们预期我们的一系列实验能为我们提供更好的实验证据来考查语音作用这一争论问题。

我们一共开展三个实验。实验一用相同的实验范式和实验材料重复 Spinks 等人（2000）的实验。实验二中，我们将实验一中的高频颜色字及其同音字用低频颜色字及其同音字代替，这一实验操纵是为了排除特异范畴启动效应的影响。实验三中，我们用填充颜色字代替实验一中的高频颜色字且不出现填充颜色字对应的同音字，在整个实验过程中被试不会意识到任何同音的关系，并且不会出现任何关于印刷颜色和颜色字意义联系的外显线索。这样做的目的是避免让被试意识到这种同音关系。

在我们的实验控制下，我们预期，如果在同音字上发现了与 Spinks 等人（2000）相似的研究结果，那么可以证明语音的自动激活和激活的强制性，支持相关的理论模型（如 LCM）；反之，将会对 LCM 这一模型提出疑问。

实验一

一、实验方法

（一）被试

被试为华南师范大学 22 名本科生，普通话标准，色觉正常，视力或矫正视力正常，均为右利手。

（二）实验材料

实验材料与 Spinks 等人（2000）相同（见表1）。总共包括 12 个字，四种颜色。其中四个字为高频颜色字，四个字为高频颜色字的高频同音字（相同的音和调），其他四个字作为控制组。因为我们的研究主要目的是为了重复颜色字和其同音字上的 Stroop 效应，所以我们在这个部分重复研究中没有包括 Spinks 等人（2000）研究中的颜色字的语义关联字这一类刺激字。各个实验条件下字的笔画和字频都做了很好的匹配。所有的字都选自《汉语词频词典》（1986）中 4574 个最常用的单字词。

表1　Stroop 实验一所用实验材料字

		实验一	
	颜色字	同音字	控制字
红	洪	贯	
字频	592	50	74
笔画	6	9	9
黄	皇	奖	
字频	281	62	51
笔画	11	9	9
蓝	栏	华	
字频	106	39	36
笔画	14	9	6
绿	虑	涂	
字频	178	85	81
笔画	11	11	10

（三）实验程序

实验一的实验程序与 Spinks 等人的实验程序相同。实验材料为宋体字，28号字体，每个字大约为1.6cm×1.8cm，刺激呈现在屏幕中央，一次呈现一个，要求被试用麦克风对刺激字的印刷颜色尽量快而准确地命名。通过麦克风可以记录被试的反应时。主试在旁边记录被试的反应情况。在正式实验之前有16个练习材料。正式实验中，12个刺激材料将分别用四种颜色（红、黄、绿、蓝）进行呈现，每个相同的刺激呈现两次，这样总共就有96个刺激项目，我们将96个刺激项目分成两组，每组48个刺激项目，这48个刺激项目中包括8个一致条件（4个颜色一致条件、4个同音一致条件），24个不一致条件（12个颜色不一致条件、12个同音不一致条件），12个控制条件。一致条件下，字的印刷颜色将和其自身的意义或者读音一致，如用红色写的"红"和"洪"。不一致条件下字的印刷颜色与其意义和读音都不一致。比如，用蓝色写的"红"和"洪"。

二、结果与讨论

大于1500毫秒和小于300毫秒的数据被剔除在分析之外，这些数据总量小于总数的2%。表2列出了三个条件下的平均反应时和错误率。

表2　Stroop实验一三种实验条件下被试的平均反应时和错误率

		颜色字		同音字		控制
		一致	不一致	一致	不一致	
实验一	反应时（毫秒）	688 (96)	847 (93)	744 (101)	791 (107)	767 (89)
	错误率（%）	0.0 (0.0)	10.8 (10.3)	0.0 (0.0)	4.9 (5.8)	1.6 (3.2)

我们使用单因素方差分析刺激类型（3个条件：颜色字，同音字和

控制字）的各种效应。与前人文献（Guo et al., 2005; Logan & Zbrodoff, 1998; Spinks et al., 2000）中提到的分析方法一样，把一致和不一致条件与它们的控制组放一块分别进行分析。由此可以得出 Stroop 促进效应和干扰效应，结果如下。

Stroop 促进效应。对反应时数据分析发现，刺激种类的主效应显著（F（2,42）=15.29, p<0.001）。事后多重比较发现，被试对颜色字（688 毫秒 vs. 767 毫秒, p<0.001）及其同音字（744 毫秒 vs. 767 毫秒, p=0.01）命名显著快于控制组。对颜色字命名显著快于同音字（688 毫秒 vs. 744 毫秒, p<0.001）。对错误率的分析发现，刺激种类的主效应同样显著 F（2,42）=5.37, p<0.01。事后多重比较发现，被试对颜色字及其同音字的反应错误率显著低于控制组（0% vs. 1.56%, 0% vs. 1.56%, ps<0.05）。

Stroop 干扰效应。对反应时数据分析发现，刺激种类的主效应显著（F（2,42）=20.29, p<0.001）。事后多重比较发现，被试对颜色字（847 毫秒 vs. 767 毫秒, p<0.001）及其同音字（791 毫秒 vs. 767 毫秒, p=0.07）命名显著慢于控制组。而且，被试对颜色字的反应时与对同音字的反应时也有显著差异（847 毫秒 vs. 791 毫秒, p<0.001）。对错误率的分析发现，刺激种类的主效应同样显著 F（2,42）=12.31, p<0.001。事后多重比较发现，被试对颜色字（10.8% vs. 1.56%, p<0.001）及其同音字（4.92% vs. 1.56%, p<0.05）的反应错误率显著高于控制组。这些结果与 Spinks 等人的结果相吻合，检验了 Stroop 实验材料以及实验范式的有效性。

实验二

实验二中我们使用低频颜色字及其同音字和它们的匹配控制字做实

验材料。低频字材料见下表3。所有的材料都选自现代汉语频率词典（1986）。

一、实验方法

（一）被试

36名大学生参加实验二，并获取一定的实验报酬。所有学生的视力或矫正视力正常。

（二）实验材料

如下表所示，实验材料包括12个字，4个低频颜色字，4个对应的同音字和4个控制字。所有实验材料字之间的字形、笔画和字频都完全匹配。但事后分析表明90%多的被试没把"皂"当作颜色字对待。所以这些字（皂/灶/吱）最后实际上当作填充实验材料使用。因此，最终的分析只是基于三个颜色字对应的数据。但是这个数目仍然是可以接受的。文献表明大多数颜色命名实验中使用的颜色字数为2~5个（Macleod，1991）。

表3 Stroop 实验二所用实验材料

	实验二		
	颜色字	同音字	控制字
	翠	脆	牺
字频	27	56	57
笔画	14	10	10
	丹	耽	椅
字频	26	21	21
笔画	4	10	10

续表

	实验二		
	颜色字	同音字	控制字
褐	贺	档	
字频	15	17	17
笔画	14	9	10
皂*	灶*	吱*	
字频	26	22	20
笔画	7	7	7

注：带*号的这些字被当作填充字处理。见实验二方法部分。

(三) 程序

所有的刺激字都以28号宋体呈现在计算机屏幕中央。要求被试尽快准确地读出字的书写颜色。命名反应时通过麦克风记录。主试在边上记录被试的发音错误。正式实验之前每个被试做16个练习。

所有的字都以四种颜色书写（红，褐，黑和绿）。要求被试对两组实验中共96个刺激字进行反应。每一组实验包括8个一致实验字（4个颜色字，4个同音字），24个不一致字（12个颜色字，12个同音字）和16个控制字。一致条件下的刺激字用一致颜色书写（比如，"丹"或其同音字"耽"用红色书写）。不一致条件下的刺激字用不一致颜色书写（比如，"丹"或其同音字"耽"用绿色书写）。控制字用4种颜色书写。

在实验二中，所有被试在实验之后要做一个事后测验，他们要报告四个字（丹、褐、翠、皂）是不是属于颜色名称这一类属。所有被试都正确报告前三个字是颜色名称，但只有3个人报告皂是颜色名称。所以皂及其同音字都当作填充字来处理。

二、结果与讨论

表4 Stroop 实验二三种实验条件下被试的平均反应时和错误率

		颜色字		同音字		
		一致	不一致	一致	不一致	控制
实验二	反应时（毫秒）	675 (87)	745 (87)	710 (99)	729 (78)	714 (74)
	错误率（%）	0.0 (0.0)	2.9 (4.3)	0.9 (3.9)	1.4 (2.8)	1.2 (2.4)

注：括号内的值是标准差。

大于1500毫秒和小于300毫秒的数据被剔除在分析之外，这些数据总量小于总数的2%。与实验一的分析方法一样，我们使用单因素方差分析刺激类型（3个条件：颜色字，同音字和控制字）的各种效应，即把一致和不一致条件与它们的控制组放一块分别进行分析，由此可以得出 Stroop 促进效应和干扰效应。

Stroop 促进效应。对于反应数据，分析发现显著的刺激类型主效应（$F(2, 70) = 8.38$, $p < 0.005$）。事后比较表明，与控制字相比较，颜色字的反应时间显著加快（675毫秒 vs. 714毫秒，$p < 0.001$）。颜色字的反应时间快于颜色字的同音字的反应时间（675毫秒 vs. 710毫秒，$p < 0.01$）。但是同音字控制字之间反应时无差别（710毫秒 vs. 714毫秒，$p > 0.5$）。错误率分析显示类似的模式，即使刺激类型的主效应达到边缘显著（$F(2, 70) = 2.32$, $p = 0.10$）。进一步比较显示被在颜色字上出现较少错误（0% vs.1.22%，p<0.005），但同音字上的错误与控制字相比没有差别（0.93% vs.1.22%，p>0.5）。颜色字的错误率与同音字相似（0% vs.0.93%，p>0.1）。

Stroop 干扰效应。反应时分析表明刺激类型主效应显著（F（2，70）=13.75，p<0.001）。事后比较表明颜色字命名时间长于控制字（745 毫秒 vs.714 毫秒，p<0.001），同音字反应时间也长于控制字（729 毫秒 vs.714，p<0.05）。反应时分析也显示颜色字命名时间长于同音字（745 毫秒 vs.729 毫秒，p<0.05）。错误率数据分显示类似模式（F（2，70）=3.17，p<0.05）。事后分析显示颜色字命名上出现较多错误（2.9% vs.1.22%，p<0.05）。但是我们发现同音字和控制字的错误率没有差别（1.39% vs.1.22%，p>0.5）。颜色字与其同音之间的错误率达到边缘显著（2.9% vs.1.39%，p=0.06）。

正如我们预测的，实验二的反应时结果表明相对低频颜色字上出现了经典的 Stroop 促进和干扰效应。错误率分析也显示了一样的模式。但对于同音字而言，我们只在反应时上看到干扰效应但没有促进效应，而且错误率分析显示既无干扰效应也无促进效应。而且与 Spinks 等人的研究结果相比，我们的实验结果总体上效应值要减少很多。这些结果首先表明 Spinks 等人的研究结果可能部分地受到类属名称启动的影响。在我们的实验中，当使用相对低频颜色字及其同音字时，我们就观察到了这种不同效应模式。

其次，相对低频颜色字的同音字只显示干扰而非促进效应直接质疑 Spinks 等人的基本解释，即 Stroop 干扰效应的出现只是由于语义一致性与否导致的（Spinks et al.，2000）。这是因为，如果假定干扰效应只来自不一致条件下的语义不一致性，比如，不一致条件下语音中介字的语义激活(像"耽"通过语音激活"丹")与单词的颜色义激活(如"耽"的书写颜色是绿色)相互冲突,那么在一致条件下我们就会预期同音字会出现促进效应(例如,"耽"的书写颜色是红色)。但是我们没有观察到促进效应。这一结果也不支持单词成分模型的语音早于语义信息激活并制约语义的激活这一基本假设。

先前的研究发现高频汉字的语音和语义信息同时激活(Zhang, Zhang & Kong, 2009)。我们认为实验二的结果可以根据这一研究发现进行解释。在目前的研究中,颜色字的语义和语音信息同时激活(如"褐"激活其语义"褐色"和语音"he4")。语音信息进而激活对应的语义,但由语音激活的语义信息要慢于由字形直接激活的语义。对于"褐"的同音字"贺"来说,其字形直接激活的语义(如"祝贺"等)无论在一致或不一致条件下都不会与印刷颜色义(如一致条件下的"褐色"或不一致条件下的"红色"或者"绿色")产生冲突。所以在一致条件下的快速加工中,就不会出现语义促进作用(这一情况和控制字条件下一样),反映出来的就是一致条件下没有促进效应。但是在不一致条件下,和语义同时激活的语音信息(如"he4")与印刷颜色名称(如"hong2")产生冲突,冲突会延迟命名反应。在因冲突延迟导致的缓慢加工中,由语音中介通路(如"贺"的语音"he4")激活的同音字"褐"的语义("褐色")就会与印刷颜色义(如"红色"或者"绿色")产生语义冲突,反映出来的即是不一致条件下的干扰效应。也就是说,语音对语义的干扰作用只能在加工相对缓慢的不一致条件下显示出来。

要注意到我们上述假设的加工也发生在相对低频颜色字上(如"褐")。如果是这样一种加工的话,我们就能解释本实验的另一个重要结果，即颜色字（如"褐"）的反应在一致条件下仍然出现了促进效应，在不一致条件下出现了干扰效应。我们认为这是因为由"褐"的字形直接激活的语义"褐色"在一致条件下与印刷颜色一致，所以在一致条件下的快速加工中，仍然出现了加工促进效应。另一方面，在不一致条件下，由"褐"的字形直接激活的语义和由音间接激活的语义（如"褐色"）都与印刷颜色冲突，所以产生了显著的干扰效应。

总之，我们的结果解释与单词成分模型的假设完全不一样。它假定语音的激活早于语义，是语义激活必需的成分，制约直接通路的语义激活。我们的结果不支持这一假设。相反，我们的结果似乎表明语音虽然在汉字识别早期快速自动激活，但它在汉字语义通达中不是必需的，汉字语义可以单独由占主导优势的形义直接通道快速激活。实验二的结果也表明类属名称可能会带来启动作用。

实验三

在实验二中，我们只发现了语音的干扰效应，表明语音在语义激活中的作用不是必需的。即使如此，这一结果仍需进一步证实。在颜色命名实验中，只有少量的颜色字及其同音字作为实验材料，这些少量的材料都在一个实验中连续呈现。那么这种实验本身会不会带来额外的因素而影响语音的效应？有可能被试很快就能认识到颜色字和他们的书写颜色之间的关系，更重要的是，认识到颜色字和他们的同音字之间的关系。被试快速认识到刺激材料之间的关系及其提高的注意水平会不会加强这些刺激材料（包括颜色字和同音字）的语音激活水平，从而产生在实验二中观察到的语音效应呢？众所周知，Stroop 任务中的材料的组成情况会影响被试的反应策略，所以我们有必要进一步考查实验二中发现的结果是否受到了一些因材料而产生的策略的影响。

我们通过改变实验二中实验材料组成来考查这个问题。实验三中包括一组新的颜色字但不包括它们的同音字，这些颜色字用作填充字。此外，虽然实验三中不包括原来的一组颜色字，但仍然包括这些被替换的颜色字的同音字。这一改变可以把同音字对排除在实验材料之外，我们预期这一方法可以有效避免被试对同音关系的关注和策略使用。具体而言，在实验三中，实验二中的4个颜色字（丹、翠、褐、皂）被替换掉，换为其他四个颜色字（黄、紫、青、蓝），实际上这四个颜色字被用作实验中的填充刺激。但其他的刺激字保持不变。这样被试不能直接看出整个实验材料中存在着任何的同音关系，他们可能会更加关注任务要求的书定颜色本身。在对其反应时较少使用加工策略。我们预期如果存在着加工策略，这些操控能减少与加工策略有关的效应。反之，则这种操控不会导致实验三的结果模式与实验二产生不同。

一、方法

（一）被试

24名华南师范大学的大学生参加实验三，并获取一定实验报酬。所有学生的视力或矫正视力正常。

（二）材料

实验二中的4个颜色字被剔除掉，换为其他四个颜色字（黄、紫、青、蓝），实际上这四个颜色字被用作实验中的填充刺激。但其他的刺激字保持不变。四个填充颜色字或者以一致的颜色书写，或者以不一致的颜色书写。材料在表5中列出。与实验二一样，实验三最终的分析只是基于三个颜色字对应的数据（排除掉"皂"及其同音字）。

第三章 汉字语义激活中语音作用的研究

表5 Stroop 实验三的关键实验材料用字

	实验三	
	同音字	控制字
脆	牺	
字频	56	57
笔画	10	10
耽	椅	
字频	21	21
笔画	10	10
贺	档	
字频	17	17
笔画	9	10
灶 *	吱 *	
字频	22	20
笔画	7	7

注：本表中没有显示用作填充字的颜色字黄、紫、青、蓝，因为它们的数据不包括在正式分析中。

（三）程序

程序与实验二一样。四个填充颜色字或者以一致的颜色书写，或者以不一致的颜色书写，不一致的书写颜色包括黄、紫、青、蓝、红、绿、褐和黑8种颜色。但丹、翠、褐、皂的4个同音字耽、脆、贺和灶或以一致颜色书写，或以不一致颜色书写，不一致颜色包括红、绿、褐和黑4种颜色。实验中一共有8种颜色。一共有104个实验刺激字，分

85

成两组进行。每一组包括52个实验刺激字,有8个一致刺激字(4个颜色填充字和4个同音字),28个不一致刺激字(16个颜色填充字和12个同音字)和16个控制字。

二、结果与讨论

表6 Stroop实验三三种实验条件下被试的平均反应时和错误率

		同音字		控制
		一致	不一致	
实验三	反应时(毫秒)	749(106)	767(91)	742(103)
	错误率(%)	1.42(4.80)	1.25(2.49)	1.33(2.55)

注:括号中的数据指标准差。

大于1500毫秒和小于300毫秒的数据被剔除在分析之外,这些数据小于总数的2%。实验三中的平均反应时和错误率见表6。因为我们的实验目的是为了比较一致和不一致条件下同音字与控制字之间的效应,所以所有填充字的数据被剔除在最终分析之外。我们用t检验来分析反应时错误率数据。

反应时数据分析表明,一致条件下同音字与控制字的颜色命名反应时无差别(749毫秒 vs. 742毫秒,$p > 0.5$)。但在不一致条件下,同音字与控制字的颜色命名反应时有显著差别(767毫秒 vs. 742毫秒,$p < 0.1$)。错误率数据分析表明一致或不一致条件下,同音字与控制字的颜色命名反应时无差别(1.42% vs. 1.25% vs. 1.33%,$p > 0.7$)。这些结果与实验二的结果基本一样。这表示即使我们操控实验材料使同音关系消失，语音的效应模式仍然一样。因此，我们实验二中得到实验结果是不受实验策略的影响的，反映了语音激活及在语义激活中的有限作用。

总讨论

语音在字词通达过程中的作用是心理语言学领域长期研究的热点问题。Stroop色词范式是研究这类问题使用较多的范式之一。大量对拼音文字研究发现的同音促进和干扰效应为语音在意义获得过程中得到激活这一观点提供了重要证据（例如，Besner & Stolz, 1998; Tzelgov, Henik, Sneg & Baruch, 1996）。这一范式在中文阅读的研究中同样适用，代表性的研究有Spinks等（2000）和Guo（2005）等。以成年人作为被试，Spinks等人的研究被认为是为语音在意义通达过程中的重要作用提供了比较明晰的诠释。它认为在中文阅读中，语音在字词通达的早期阶段得到了激活，并且这种激活在汉字语义激活中具有强制性，制约语义的激活。

以Spinks等人的研究作为出发点，我们设计了三个实验，旨在探讨前人的发现是否受到无关变量的影响。实验一使用与Spinks等人相同的实验范式和实验材料，在高频颜色字及其同音字下发现了显著的促进和干扰效应，成功地重复了Spinks等人的研究，证明了这一实验范式和实验材料的可行性和有效性，为我们之后的两个实验奠定了基础。实验二将实验一中的高频颜色字及其同音字用相对低频颜色字和同音字代替，我们在颜色字上同样看到了Stroop效应。但是，同音字的数据结果模式与实验一不一样，我们在同音字上只看到了干扰效应而没有发现促进效应。从总体效应上看，实验二中发现的促进效应和干扰效应相比实验一明显减弱了。而且，实验一中同音字与控制字在错误率上呈现出显著性差异，但是这一差异我们在实验二中并没有发现。实验二中的这些结果模式与单词成分模型的核心预期并不一致。如果基于Spinks等人的观点和该模型，语音的早期自动激活及在语义激活中的强制制约作用应该作为字词意义通达过程中的一个普遍原则，是不应该受词频影响的。相反，我们发现的这一模式与Jared和Seidenberg（1991）发现的特异范畴命名启动效应相一致。实验三通过改变刺激材料的组成，尽可能避免被试意识到字的意义和字的印刷颜色之间的一致性关系以及对同音关系的外显注意，旨在探讨加工策略是否会对实验结果产生影响。实验结果发现了和实验二同样的模式，这就说明本研究中发现的促进和干扰效应不是由特异的加工策略带来的，而是字词通达过程中语音的自动激活引起的。

  对我们而言，最重要的是实验二的结果。使用高频字作为实验材料时，如果存在特异范畴名称启动，那么在Spinks等人（2000）的研究和本研究的实验一中看到的Stroop效应就不能作为检验语音在字词意义获得中的作用这一问题的有效证据。而本研究实验二中相对低频同音字上的Stroop效应才是检验语音激活及其作用的合理指标。实验二中发现了同音条件下的干扰效应，而没有看到促进效应。以往的英文Stroop范式研究同样发现了这样的数据模式。比如，Dennis和Newstead（1981）发现被试在不一致条件对颜色词的假同音词进行反应时，速度显著变慢（比如，蓝色的"grean"）。这就说明词的语音信息会影响被试的反应。然而，在一致条件下（比如，绿色的"grean"）却没有发现任何效应。Dennis和Newstead（1981）对其实验结果进行了解释，认为前词汇阶段的语音激活是自动化的，相对较慢的，所以只会影响相对较慢的不一致条件下的加工，而语音中介假设强调词汇意义获取完全是通过快速的自动化的前词汇阶段的语音加工。因此，他们的结果是不支持语音中介假设的。将这一论断结合我们的数据结果来看，Stroop命名范式下跨语言的研究结果似乎可以说明语义的激活并不是完全强制地通过语音信息激活，或者受其制约的。我们可以用同样的逻辑来解释我们的实验结果，即在中文阅读中，虽然语音激活可能是自动的，但是语音编码在字词通达过程中并不是必需的，汉字意义的通达在某种情况下并不需要语音的激活来提供信息。

总的来说，本研究发现高低频汉语颜色字的同音字Stroop效应不一样，它不能用单词成分模型的基本假设进行合理解释。相反，这些结果表明虽然语音在汉字识别早期快速激活，并可以用来激活汉字语义，但它不是语义激活所必需的制约成分。相反，语音中介通路的语义激活相对比较缓慢，汉字语义可由形义通路直接快速激活。

第二节　语音在汉字语义通达中的作用

在本节中我们使用语音中介启动范式来进一步探索汉字语义激活中语音的作用问题。如前边章节所述，这一任务范式已经被证实是一种有效的可以直接考查语音作用的任务，可以为词汇语音的作用提供直接的证据（例如，Lesch & Pollatsek，1993）。在拼音文字使用该任务范式的研究中，研究者通常是操控关键刺激词之间的语音相似性。比如，在语音中介启动任务中使用同音词（例如，Fleming，1993；Lesch & Pollatsek，1993；Rayner & Pollatsek，1992；Van Orden，1987）或者假同音词（例如，Lukatela & Turvey, 1994a, 1994b; Van Orden et al., 1988）。如果语音启动或干扰效应出现就表明语义激活中存在着语音中介作用。同样，这一逻辑可以用于汉字语音认知研究中。

在目前的汉语研究中，关于语音作用的主要争议在于它在多大程度上起作用。先前的研究发现不一致的一个可能原因是以往的相关研究在选择实验材料时有不足之处，也没有系统地匹配不同实验条件下的实验材料的频率。比如，前述的汉语词汇成分模型（LCM）主要是基于使用高频汉字的研究结果（例如，Tan &perfetti, 1997; Perfetti & Tan, 1998），那些同时使用高低频汉字做实验材料的一些研究没有系统地操控字频（例如，Xu, et al., 1999; Zhou & Marslen‐Wilson, 1999）。这些不足产生的影响可能正如我们在上一节的研究中所展示的那样，语音在高低频颜色字及其同音字上出现不同的 Stroop 效应模式。此外，前边我们的回顾中也提到汉字音义激活的研究，这些研究发现高低频汉字的音义激活时程不同（如例如，Zhang, Zhang, & Kong, 2009）。关于这些音义激活时序的研究我们在后边的章节会进一步给予详细介绍，但这些音义激活时程的研究也进一步表明我们需要重新审视以往的相关研究，在新的研究中考虑使用不同频率的汉字做实验材料并进行严格匹配。

在本研究中，我们使用语音中介的语义启动范式来继续探索汉字语音在语义激活中的作用。我们同时也使用高频和低频字做实验材料。同时，我们也使用两种水平的 SOA，分别为 57 毫秒和 250 毫秒（例如 Tan & Perfetti, 1997; Zhou & Marslen‐Wilson, 1999）。这些实验设置是为了能保证我们获得的实验结果能与以往的使用该任务范式的研究发现进行直接对比。

在本研究中，我们预期能够发现语音中介启动效应，因为使用这一范式的汉字认知研究已经重复发现了这一点，虽然在效应的解释上存在不同。另外，我们也预期出现的语音中介效应可能只出现在低频词上。这一预期是基于上述的 ERP 结果，即只有低频汉字的语音激活早于语义。我们也预期语音中介效应可能只出现在长 SOA 条件下，这是因为之前的研究发现只有较长 SOA 下才观察到语音中介效应（例如，Tan &perfetti，1997；Zhou & Marslen - Wilson，1999）。最后，我们研究不使用视觉相异的启动和目标字，这样可以观察到语音中介启动效应是否不依赖汉字的字形。

实验一
一、实验方法
（一）被试

华南师范大学 50 名本科生参与该实验并被支付一定的实验报酬。所有被试的视力或矫正视力正常，满足实验的要求。

（二）材料

实验材料选自现代汉语频率词典（1986），包括 120 个目标字，每个目标字匹配 5 个启动字，组成 5 种实验条件。实验材料例子如表 7 所示。所有的启动目标字对按拉丁方进行平衡，分成 5 个部分。每一部分包括 120 个启动目标字对，随机呈现。每个部分中，启动和目标字都不重复。每个被试只参加一个实验部分。这样，即使每个被试在一个实验部分中接受全部实验条件下的字对，但同一目标字和启动字只看一次。表 7 列出了本研究中的实验材料例子。详细实验材料见附录。

表7 语音中介启动研究的实验材料用字

字	启动字类型					目标字
	高频语义	高频同音	高频控制	低频同音	低频控制	
	岁	碎	负	祟	驸	年
拼音	/sui4/	/sui4/	/fu4/	/sui4/	/fu4/	/nian2/
笔画	8	9	9	10	10	8
字频	1338	554	554	4	4	1203
	低频语义	高频同音	高频控制	低频同音	低频控制	目标字
	觅	蜜	灵	幂	绫	寻
拼音	/mi4/	/mi4/	/ling2/	/mi4/	/ling2/	/xun2/
笔画	10	10	10	11	11	9
字频	4	127	127	4	4	490

注：上半部分材料中，目标字的语义启动字是高频字。高频语义启动字的同音字包括高频和低频同音字，分别匹配相应字频的控制组。下半部分材料中，目标字的语义启动字是低频字。它的同音和控制组匹配同高频语义启动字。

（三）程序

被试坐在电脑前，距离屏幕50厘米。所有的字都是28号宋体字，以白字黑底的方式呈现。使用Eprime系统呈现刺激材料并记录反应时间。每个刺激序列中，开始出现一个注视点，呈现1000毫秒后消失。随后出现启动字，呈现57毫秒后消失。目标字随之出现在同一位置上。目标字呈现时间最多2000毫秒。目标字随被试反应消失或超过2000毫秒后自动消失。目标字消失后2000毫秒出现下一组刺激材料。要求被试既要看启动字又要看目标字，但要又快又准确地读出目标字。主试坐在被试身边记录被试的各种发音错误。每一被试在正式实验之前完成15个练习刺激序列。

二、结果与讨论

表8 语音中介启动研究实验一各条件下被试的平均反应时间与错误率

	启动类型				
	高频语义	高频同音	高频控制	低频同音	低频控制
反应时	600（59）	612（52）	620（67）	617（63）	620（79）
错误率	1.2	0.8	1.3	1.3	1.0
	低频语义	高频同音	高频控制	低频同音	低频控制
反应时	623（51）	635（75）	631（46）	642（67）	638（46）
错误率	1.7	1.0	0.5	2.0	2.2

注：括号中的数字表示标准差。

分析首先剔除大于1500毫秒和小于300毫秒的反应时数据。这些数据大约占总体数据量的2%不到。平均的反应时和错误率在表8中列出。分析表明各条件之间的错误率没有显著差异。

由于本实验设计不是一个标准的实验设计，因为语义启动字与其中一组同音字共享一组控制字，所以我们用两个方差分析来检验不同启动字和不同频率的效应。F值报告被试分析（F1）和项目分析（F2）值。

在第一个方差分析中，有两个被试内因素，分别是启动字字频（高、低）和启动类型（语义、中介和控制）。在这个方差分析中，三种启动类型材料有相同高或低的字频。分析的目的是为了检验具有相同字频的语义和语音启动字的启动效应。分析结果表明启动字字频的主效应显著（$F1(1, 49) = 25.92, p < 0.001$；$F2(1, 59) = 10.15, p < 0.005$），说明当启动字是高频字时目标字的反应加快。启动类型的主效应也显著（$F1(2, 98) = 6.99, p < 0.005$，$F2(2, 118) = 3.98, p < 0.05$）。计划比较（Planned comparisons）显示语义启动的效应（612

毫秒）显著高于同音条件（627毫秒）和控制条件（629毫秒）（p < 0.05），但同音和控制条件效应没有差异。

在第二个方差分析中，只有语音中介启动字和控制字作为变量进入分析。因此有三个被试内变量，分别是启动字频率（高、低），启动字和目标字之间的关系（启动、控制），以及同音字对应的语义启动字的字频（高、低）。最后一个变量简称为频率匹配。第二个方差分析的目的是考查语音中介字的启动效应是否受到同音字频率的影响。分析表明频率匹配的主效应显著（F1（1, 49）= 18.74, p < 0.001；F2（1, 59）= 5.36, p < 0.05），结果暗示着高频语义启动字的同音字比低频语义启动字的同音字更能促进目标字的反应。除此之外，没有其他的主效应或交互效应。

另一方面，虽然我们发现频率匹配的显著主效应，但要考虑这种主效应可能是由于两种条件下目标字字频的差异造成的。比如，两种条件下的目标字字频相关很大，例如，平均字频分别为1203次/百万和490次/百万。我们发现较大字频的目标字（如"年"）的反应时要快于较低字频的（如"寻"）反应时。这可能是由于前者（"年"）的反应比后者（"寻"）的反应时快，而不是由于"年"的启动字对应一个高频语义启动字而不是一个低频语义启动字。为了检验这种可能性，我们对高频目标字的数据进行了事后分析。经过仔细分析高频目标字对应的字频，我们发现有9个目标字的字频高于2500次/百万（分别是，对/2842，动/2934，年/3190，去/4099，子/5103，和/5359，大/6792，上/7168，有/9824）。有可能是这些极高频的目标字导致两种条件下目标字字频差异较大。当删除这9个高频目标字后，剩余目标字的平均字频为488次/百万，这个平均字频与低频语义启动字对应的目标字的平均字频比较匹配（其平均字频为 490 次/百万）。然后我们再对剩余目标字（包括5种条件下）的数据进行再分析。我们发现删除前的5种条件下的平均反应时与删掉后的几乎一样（分别为，"删后"对"删前"：596，613，623，625，623 对 600，612，620，617，620）。事后分析再次表明频率匹配的主效应与不同条件下的目标字字频差异没有关系。

总之，结果表明，不管字频如何，只有语义启动字促进了目标字反应。语义启动字的同音字没有产生任何中介效应。这些结果与之前研究中的结果相照应，即短 SOA 中形异同音字没产生任何中介启动效应（例如，Zhou et al.，1999）。可能的解释是我们结果支持直通假设。另一种可能是在短 SOA 内很难观察到语音启动效应。在书面汉语中有大量的同音字，一个同音字对应很多不同的语义单位。例如，根据现代汉语词典（1992）收录表明一共有 76 个同音字读 /xi1/（西，息，昔……）；若不计音调，共有 121 个字读/xi/。这 76 个同音字有 100 多种意思。类似这种例子很常见。这意味着即使低频字的语音可能早于语义激活，所有同音字的语义通过语音激活也将是非常没有效率的，因为这个匹配过程可能耗时众多。所以在短 SOA 内，可能就难以观察到语音的中介效应。如果使用长时 SOA，语音可能有足够的时间来激活所有的语义，从而显示出中介效应。

实验二

在实验二中，我们使用长 SOA（250 毫秒）重复第一个实验，目的是考查在长 SOA 设置下是否有不同的语音启动模式出现。一般认为 250 毫秒内的加工反映的是自动化的启动加工而不是有意识的策略使用（例如，Lesch & Pollatsek，1993；Neely，1977）。

一、实验方法

（一）被试

50 名大学生参加该实验并被支付一定的实验报酬。所有被试视力或矫正视力正常。这些学生没有参加过实验一的研究。

（二）材料与程序

材料和程序与实验一相同，除了 SOA 被设置为 250 毫秒之外。

二、结果与讨论

表9 语音中介启动研究实验二各条件下被试的平均反应时间与错误率

	启动类型				
	高频语义	高频同音	高频控制	低频同音	低频控制
反应时	616（61）	634（72）	630（58）	628（61）	643（74）
错误率	1	0.7	0.8	2	1
	低频语义	高频同音	高频控制	低频同音	低频控制
反应时	637（48）	652（55）	645（62）	655（60）	655（60）
错误率	1	1.7	0.7	1.5	0.8

注：括号中的数字表示标准差。

数据剔除遵循实验一的做法，总的剔除数据少于总数据量的1%。表9列出了平均反应时和错误率。5种条件下的错误率没有显著差异。实验二的数据分析方法也同实验一。

第一个方差分析中，两个被试内变量进入分析。分别是启动字频（高、低）和启动类型（语义启动，中介启动和控制字）。在这个方差分析中，三种启动类型刺激字有相同高或低的字频。分析的目的是为了检验具有相同字频的语义和语音启动字的启动效应。分析结果表明启动字字频的主效应显著（F1（1，49）=19.32，p<0.001；F2（1，59）=7.34，p<0.01），说明当启动字是高频字时目标字的反应快于其是低频字时。启动类型的主效应也显著（F1（2，98）=7.28，p<0.01；F2（2，118）=7.35，p<0.001）。计划比较（Planned comparisons）显示语义启动的效应（626毫秒）显著高于同音条件（642毫秒）和控制条件（642毫秒）（p<0.05），但同音和控制条件效应没有差异。

与实验一分析相同，第二个方差分析包括3个被试内变量（启动字频，启动关系类型和频率匹配）。目的是检验语音启动效应是否受到同音字字频的影响。结果表明频率匹配主效应显著（F1（1，49）=18.82，p<0.001；F2（1，59）=5.09，p<0.05），这一结果暗示着高频语义启动字的同音字比低频语义启动字的同音字更能促进目标字的反应。分析也发现启动字频率和启动关系类型的交互作用也达到显著水平（F1（1，49）=7.15，p<0.05；F2（1，59）=4.07，p<0.05）。事后分析显示只有语义启动字的低频同音字显著地促进目标字的命名（只有被试分析显著F1（1，49）=5.73，p<0.05，项目分析不显著，F2（1，59）=1.76，p=0.19）。此外，没有其他显著主效应或交互作用效应出现。这些结果表明目标字的命名只有在其启动字是低频同音字时才会加快。这些结果与我们的预期一致，即在长时SOA条件下语音的中介启动效应才能出现，且只出现在低频同音字上。

同样，我们也进行了一个事后分析来检验目标字的字频差异（例如，"年"/1203 vs."寻"/490）是否会影响字频匹配的效应。再分析结果表明五个条件下的平均反应几乎与字删除前一样（分别为，"删后"对"删前"：619，643，634，634，650 对 616，634，630，628，643）。事后分析再次表明在长SOA条件下字频匹配的显著主效应不是由目标字字频差异造成的,即使两者的差异显得很大。

总讨论

通过系统的匹配语义启动字与其同音字之间的字频,我们在两个实验中发现语义启动字产生稳定的启动效应,但只在长 SOA 条件下发现低频同音字上产生了显著启动效应。这个结果首先与直接通达理论的预期不一致,因为它预期语音在语义加工中不产生任何作用。这些结果表明在汉字语义通达过程中存在两条通路,这一点支持汉字双通路模型的基本假设,也为我们研究一的结论提供了进一步证据。结合研究一与研究二的结果,我们的结果进一步表明语音在汉字语义通达中不是必需的,而且语音通路可能是缓慢无效率的(即使语音可能是自动激活的)。这一点与 LCM 的预期完全不一样。如果语音在所有汉字语义通达过程中都是必需的,那么我们应该在所有的同音字上发现语音中介启动效应。我们的研究也与交互作用观点不一致。交互作用观点也预期同音形异且不规则同音字上不会产生语音中介效应。

我们的发现与国外许多研究发现一致,表明语音的作用受到字频的影响,可能只在低频同音字的语义激活中起更重要的作用(例如,Coltheart, 1978; Coltheart, Patterson, & Leahy, 1994; Jared & Seidenberg, 1991; Seidenberg, 1985)。我们的发现能够使我们对 PAH 模型进行更好地细化。这一模型认为,词汇语义可以通过两条通路并行激活,语音通路在高低频汉字语义通达过程中的作用一样。我们的发现表明相对于直接通路,语音通路可能是第二位的,该通路的通达速度在平行通达过程中可能也比较慢。这些发现因此有助于我们对 PAH 模型中的两条通路的相对强度进行界定。也就是说,直接通路是优势通路,在与语音通路进行的平行通达竞争中总是赢。换句话说，我们认为两条通路在通达汉字语义过程中并不总是平等重要的，这是对并行通达模型（PAH）的一个修正。

关于语音中介通路，很多双通路模型都认为它的使用可能受到策略的影响或者依赖实验任务或任务背景（例如，Coltheart，1978）。例如，长 SAO 实验条件下，被试可能有充分的时间使用策略。此外，如一些研究发现的，语音的作用只出现在规则字中（例如，Zhou & Marslen - Wilson，1999）。这些发现表明汉字词识别中语音的作用可能受制于一些因素（如任务要求或实验材料）。

总之，语音中介范式的研究进一步表明，在汉字词识别过程中，语音的激活可能是自动化的，但它只在低频字中发挥有限的作用，而且它的使用可能会受到字频、策略使用、任务要求或具体的实验条件的影响。汉语单词语义激活可由两条通路并行激活，但主要是通过直接通路激活，语音只在低频字的语义加工中起有限作用（即使有研究表明低频字中语音激活早于语义）。

［注：本节报告的实验研究文章已经发表在国外学术期刊上，见 Kong, L. Y., Zhang, J. X., Ho, C. S. H., & Kang, C. P. (2010). Phonology and access to Chinese Character meaning. Psychological Reports, 107, 899～913.］

第三节 汉字语音与同音字激活

在上一节报告的研究中,我们发现实际上存在着这样一个趋势,即随着语义启动字字频的不同,它们的同音字对目标字的启动效应模式也不同。具体而言,只有当语义启动字是高频字时,它的低频同音字才能显著促进目标字的命名。当语义启动字是低频字时,它的低频同音字不能促进目标字的命名反应。这一分离结果非常有趣。一方面这些结果表明低频字的语音的确能激活语义,另一方面又表明低频字的语音似乎只激活了高频同音字的语义,比如,低频字"祟"的语音能够激活它的高频同音字"岁"(即研究一中的语义启动字)的语义,但不能激活低频同音字如"邃"或者"燧"的语义。关于这一现象以往的汉字认知研究中并未提到。

正如我们在第二章中指出的,汉字书写系统的一个独特性是有大量的同音字。平均 11 个汉字对应一个音节,有的甚至更多。比如,声调相同的同音字/xi1/(如西,息,昔……)一共有 76 个,声调不同的一共有 121 个。76 个声调相同的同音字在字典中一共列出了 100 多个语义点。而且这 76 个同音字的字频变化差异极大,从最高的 930 次/百万到最低的 0.6 次/百万。所以完全有可能汉字的语音在短时间内激活不了所有这些同音字,或者所有这些语义。比较合理的一个推测是汉字的语音信息不能激活一些低频汉字及其语义。如果预期正确的话,则我们在研究二中发现的语音激活语义的分离现象就比较好理解。

因此本研究的目的就是来考查上边的推测。至少有三个原因需要检验这一假设。第一，研究结果能有助于进一步分析上一个研究的结果模式，并深入理解汉字语义通达中语音的作用。比如，如果不是所有的同音字都能被语音激活，那就意味着同音字的数量可能不是影响汉字语音作用的一个重要因素，而这与以往某些研究中的相关假设相反，如Tan & Perfetti（1997）的研究中关于同音密集度在汉字语义激活中作用的论述。第二，研究二的结果将为以后的研究中如何挑选实验材料提供重要的参考。第三，研究二的结果可以揭示与汉字独特特征有关的加工过程，揭示汉字语音加工的独特性，这也是本研究我们关心的问题。

我们使用启动命名任务，开展三个实验。在启动命名任务中，不同的同音目标字由同一个启动字启动。启动和目标字之间频率进行系统匹配。我们预期会出现两种不同模式的语音启动效应。如果语音能够激活所有的同音字，我们能够发现具有不同频率的目标字上产生一样的启动效应。否则，可能随着目标字的频率不同，会出现不同的启动效应模式。

除了字频进行操控之外，同音字之间的视觉相似性也进行匹配。在英语中，同音词之间往往有字形上的相似性（例如，beech/beach），但是大多数汉语同音字之间字形完全不同（例如，息/希）。如果在这些同音字之间产生启动效应，可以推测启动效应可能完全来自语音启动效应。另一方面，也有一些同音字之间具有字形相似性，往往是具有共同的部件，如虹（/hong2/, rainbow）/ 红（/hong2/, red）和俭（/jian3/, thrifty）/睑（/jian3/, eyelid）。其中，红是高频字。如果在这些字形相似的同音字之间产生语音启动，则启动效应可能同时来自语音和字形两个方面。所以形异与形似同音字之间的启动效应模式可能不同，不同的实验结果将进一步揭示语音是如何激活同音字的。

总的说来，同音字字频和字形相似性是本研究中操控的两个重要因素。视觉相异的字在实验一和实验二中作为关键实验材料，视觉相似的字在实验三中作为关键实验材料。所有3个实验中同音字的频率都进行系统匹配。

实验一

实验一的目的是考查是否所有的形异同音字在熟练汉字识别过程中能被一个视觉字的语音激活。具体而言，我们想知道低频同音字能不能被语音激活。

在本实验中，我们把字频小于每百万10次的字被当作低频字，而一组同音字中按字频顺序排列的前三个字中的任何一个字都可以用作高频字。设置这个选择标准有两个原因。第一，本实验的目的是考查一个书面汉字的语音能否激活该字的高频同音字。所以我们需要选择一组同音字中的高频字。第二，一组同音字按频率排列其前三个字往往具有极高的频率。根据这一标准本实验中选择出的高频字的80%的字，其字频大于每百万100次。而且，所有选出的字的字频都大于每百万30次。即使一个字的字频大于每百万30次但低于50次，这个字也是一组同音字字频最高的。从这个意义来看，这个字可以被看作是一个高频字，至少相对于它的同音字来说是高频字。

除了高低频的选择之外，我们也需要考虑汉字激活的时序问题。语音多早可以被激活？目前这个问题还没有一致的答案。比如，W. T. Zhang 等人（1994）发现同音启动字甚至在非常短的SOA内，如25毫秒和35毫秒时就可以激活它的高频目标字。但是，大多数研究发现语音的启动效应出现于 50 毫秒之外（例如，H. C. Chen & Shu, 2001; Weekes et al., 1998; Zhou & Marslen-Wilson, 2000）。因此，在第一个实验中，我们使用 60 毫秒的 SOA，这个时间应该足够用于激活高频字的语音。

实验同时使用高低频同音字，而且，启动字和目标字的频率都进行匹配。实验一中启动和目标字不包含相同声旁。我们想知道是否在 60 毫秒内所有的同音都能被一个书面汉字的语音激活。

一、实验方法

（一）被试

实验被试是河北大学的 40 名本科生，普通话流利，均为标准视力或矫正后标准视力。每名被试实验后获得一定实验报酬。

（二）实验材料

所有的实验材料都选自现代汉语频率词典中统计出的最常用 4574 个字（现代汉语频率词典，1986）。一共有 128 个启动字，包括 64 个高频字和 64 个低频字。实验例字见表 10，详细实验材料见附录 2。绝大多数高频启动字（64 个中的 61 个）都落在一组同音字中的前三个字中（按字频排列）。剩下的三个字虽然不选自前三个字，但其频率很高，分别是 345 次/百万，99 次/百万和 154 次/百万。64 个高频启动字的平均字频是 654 次/百万。分别选择 64 个高频和 64 个低频同音目标字来匹配这 64 个高频启动字，前者的平均字频是 600 次/百万，后者是 4 次/百万，详细情况见表 10。高低频目标字分别匹配对应的控制组，它们的平均字频和笔画也进行严格匹配。低频启动字和他们的高低频同音目标字及对应的控制组字使用同样的程序进行，也见表 10。

表10　同音字激活研究实验一所用实验材料例字

	目标字				
	高频启动	高频目标	高频控制	低频目标	低频控制
字	动	洞	般	栋	诟
笔画数		8	8	10	10
平均字频	654	600	605	4	4
	低频启动	高频目标	高频控制	低频目标	低频控制
字	肾	甚	信	蜃	尉
笔画数		10	9	11	11
平均字频	4	282	285	4	4

实验设计是一个被试内设计，所有的启动和目标字根据拉丁方平衡，分为四组实验材料。每一组包括128个启动—目标字对，其中64个高频启动字，64个低频启动字。每一组实验材料包括4种类型的启动目标字对，但同一个启动字只出现一次。这样每名被试在一组实验材料中都能看到启动字不重复的四种类型的启动目标字对。实验材料以假随机的方式呈现。

（三）实验程序

启动和目标字都以28号白色宋体字呈现，字呈背景为黑色。每个字大小约为2cm×2cm。实验在一间安静的房间进行，被试坐在电脑屏幕前约50厘米。

实验使用DMASTR软件控制电脑中刺激字的呈现和反应时的记录。每一个实验刺激序列中，首先出现一个十字号（"＋"），呈现1000毫秒，然后出现启动字，呈现60毫秒。在启动消失以后，一个目标同音字出现，目标字一直停留在屏幕上，直到被试做出反应后才消失。但是在 2 秒内如果被试没有做出任何反应，目标字则自动消失。目标字消失后，有一个 2 秒长的时间间隔。之后下一个启动字出现。命名反应时指的是从目标字开始出现到声音键被触发这一段时间。要求被试尽可能又快又准确地进行反应（即读出目标字）。实验中一个实验人员坐在被试旁边记录他的读字错误。正式实验开始之前每名被试进行 15 次练习以熟悉实验程序和要求。

二、结果

分析数据时首先删除超过 1500 毫秒和低于 300 毫秒的反应时数据（不超过总数据的 2%）。超过 2000 毫秒被试没有反应的数据也不包括在分析之内（不超过总数据的 3%）。每种条件下的平均反应时和错误率在表 11 中列出。分析表明不同条件下的错误率没有差异。

表 11　同音字激活研究实验一各条件下的命名反应时（毫秒）和错误率

	目标字			
	高频目标	高频控制	低频目标	低频控制
高频启动反应时	668（57）	695（75）	824（83）	812（82）
错误率	1.4	1.1	9.3	6.7
低频启动反应时	723（84）	721（67）	850（92）	839（94）
错误率	1.4	0.9	8.1	5.5

注：括号中的数字代表标准差。

首先对反应时进行总体上的方差变异分析,报告其被试(F1)和项目分析(F2)结果。一共有三个被试内因素,分别是启动字频率(高频对低频),目标字频率(高频对低频)、启动和目标的关系类型(同音对控制)。启动频率的主效应被试和项目分析都显著,$F1 (1, 39) = 24.57, p < 0.001$,$F2 (1, 484) = 20.81, p < 0.001$。目标频率的主效应被试和项目分析都显著,$F1 (1, 39) = 308.21, p < 0.001$,$F2 (1, 484) = 322.61, p < 0.001$。这两个因素音的交互作用只是被试分析达到边缘显著 $F1 (1, 39) = 2.92, 0.05 < p < 0.1$;但项目分析不显著 $F2 (1, 484) = 0.85, p > 0.1$。启动频率和关系类型交互作用只在被试分析时显著,$F1 (1, 39) = 6.91, p < 0.05$,但项目分析不显著,$F2 (1, 484) = 0.99, p > 0.1$。目标频率和关系类型的交互作用只是被试分析显著,$F1 (1, 39) = 10.16, p < 0.001$,但项目分析边缘显著,$F2 (1, 484) = 2.9, 0.05 < p < 0.1$。总的说来,这些结果表明目标字频率的效应很显著,但是效应的类型取决于启动字的频率和启动与目标字之间的关系类型。

使用计划比较方法(planned comparisons, Bonferroni 校正),我们检验了目标字频率效应的类型,一个分析高频启动字,一个分析低频启动字。对高频启动字,我们发现它的高频目标字和其控制字的反应时之间有显著差异 $F1 (1, 39) = 22.68, p < 0.001$;$F2 (1, 126) = 5.69, p < 0.05$,表明高频目标字促进了高频同音目标字的命名。但是对于它的低频目标字来说,没有发现同样的促进效应 $F1 (1, 39) = 2.11, p > 0.15$;$F2 (1, 118) = 0.65, p > 0.42$。对低频启动字,我们发现它对高频目标字的启动效应与其控制字没有差异 $F1 (1, 39) = 0.08, p > 0.78$;$F2 (1, 126) = 0.02, p > 0.88$,表明低频启动字不能促进高频目标字的命名。但是，它对低频同音目标字的启动效应显著大于其控制字（只出现于被试分析，但无项目分析效应 F1（1，39）= 6.49，p < 0.05；F2（1，114）= 0.39，p > 0.54。

三、讨论

实验一的结果比较清楚。第一，在 60 毫秒的 SOA 下，高频启动字只能显著促进高频同音字的命名，而不能促进低频同音字的命名。如果同音字全部激活了，我们应该在高低频字上观察到相同的启动效应。因此，这一结果表明汉字的语音可能能激活高频同音字，但不能激活相对低频的同音字。

如果是这样的话，需要探讨这一效应的来源。当一个汉字呈现一定时间后，它的语音得到激活。由于语音的预激活，之后同音字出现时，同音字的语音识别阈限降低，所以语音加工会更快，我们就观察到高频同音目标字上的启动效应。但是如果仅仅这样解释的话，我们应该在高低频同音目标字上都发现相同的启动效应，因为它们都是同音字，它们的语音都已经被预激活了。本实验结果不支持这一简单推测。所以我们推测高频目标字上出现启动效应的原因除了语音的预激活之外，还有目标字的字形预激活原因。汉字语音只有在汉字整体被识别之后才能被激活（对于少数整字和声旁语音一致的规则字来说，可能由声旁语音激活整字语音，但声旁语音仍是字形识别后激活的）。当视觉呈现的字激活了其语音，该语音又激活与之相连的同音字的字形，这些预激活的同音字字形（包括目标字的字形）使目标字出现时的字形的识别加工更快，更快的字形识别导致语音的产生也更快。况且，此时语音的激活阈限已经降低，所以字形和语音的预激活导致目标字出现时的加工更快。

只有高频目标字出现启动效应，可能是因为高频同音字的识别阈限较低。相反，低频同音字的识别阈限较高，它们的字形不能被激活。

当然还有一种情况也可以解释为什么低频同音目标字上没有启动效应，即60毫秒的SOA太短，不足以使语音激活所有的同音字。在有限的时间内语音只激活了高频同音字，所以我们不能发现低频同音字被启动。如果使用更长的SOA，我们可能发现低频同音字上出现启动效应。

其次，低频启动字没有产生任何启动效应，不管其目标字的字频高低。也许，对于低频字，他们的语音在60毫秒内还没有激活，所以我们观察不到任何启动效应。如果使用长SOA，启动效应也许可以观察到，至少，对他们的高频同音目标字可以产生启动效应。

实验二

实验一的结果只是部分地表明语音可以在60毫秒内激活高频同音字。实验二中使用较长的SOA（250毫秒）来观察是否语音可以激活所有的同音字。250毫秒的呈现时间内的认知加工应该属于自动化加工，而且也足够用于低频汉字的语音激活（例如，Lesch & Pollatsek，1993；Neely，1977）。

一、实验方法

（一）被试

40名河北大学的本科生参加实验二，他们没有参加实验一。所有学生具有标准或矫正标准视力。给所有参加实验的学生支付一定报酬。

（二）材料和程序

实验二中使用的实验材料和程序均同实验一。唯一不同之处在于用

250 毫秒的 SOA 代替 60 毫秒 SOA。

二、结果

表 12　同音字激活研究中实验二各条件下的命名反应时和错误率

条件	目标字			
	高频	高频控制	低频	低频控制
高频启动字	649（61）	679（76）	798（115）	804（100）
错误率	0.3	1.3	4.8	4.7
低频启动字	664（71）	685（82）	813（100）	797（100）
错误率	2.3			

注：括号中的数字代表标准差。

分析数据时首先删除超过 1500 毫秒和低于 300 毫秒的反应时数据（不超过总数据的 2%）。超过 2000 毫秒被试没有反应的数据也不包括在分析之内（不超过总数据的 2%）。每种条件下的平均反应时和错误率在表 12 中列出。分析表明不同条件下的错误率没有差异。

首先对反应时进行总体上的方差变异分析，报告其被试（F1）和项目分析（F2）结果。一共有三个被试内因素，分别是启动字频率（高频对低频），目标字频率（高频对低频），启动和目标的关系类型（同音对控制）。

目标字频率主效应显著，$F1（1, 39）= 496.30, p < 0.001$；$F2（1, 504）= 311.93, p < 0.001$。关系类型的主效应被试分析显著，F1

(1,39) = 4.66, $p<0.05$;但项目分析不显著,F2(1,504) = 2.02, $p>0.16$。启动字频率和目标字频率的交互作用只是被试分析达到边缘显著,F1(1,39) = 3.28,$0.05<p<0.1$,但项目分析不显著,F2(1,504) = 0.95, $p>0.33$。目标字频率和关系类型的交互作用显著,F1(1,39) = 22.29, $p<0.001$;F2(1,504) = 5.16, $p<0.05$。没有其他显著的主效应或者交互作用。总体分析表明目标字的频率效应是显著的,但是效应的类型依赖于启动和目标字之间的关系类型。

对高频和低频启动字分别进行单独的计划比较分析。前者分析表明,高频同音目标字和其控制字之间有显著差异,F1(1,39) = 24.48, $p<0.001$;F2(1,126) = 6.23, $p<0.05$,这一结果表明相对于控制字来说,高频启动字促进了高频同音字的命名。但是高频启动字对其低频同音目标字的命名没有启动效应,F1(1,39) = 0.13, $p>0.72$;F2(1,126) = 0.09, $p>0.77$。后者分析表明,高频同音目标字与其控制字之间有显著差异,F1(1,39) = 9.71, $p<0.01$;F2(1,126) = 5.52, $p<0.05$,表明低频启动字显著促进了其他高频同音目标字的命名。但是,这种启动效应没有出现于低频同音目标字上,F1(1,39) = 2.73, $p>0.1$;F2(1,126) = 1.26, $p>0.27$。

三、讨论

实验二的结果与实验一有一定程度上的不同。即使在250毫秒时间内,低频同音字仍然没有显示对低频同音目标字命名的促进效应,但是却显著促进了高频同音目标字的命名。虽然我们不知道低频汉字语音激活的确切时间,这些结果至少表明低频汉字的语音在250毫秒内激活并且激活了高频同音字的字形。因为字形的预激活，所以高频同音目标字的识别加快，其命名被加快。将来的研究可以进一步研究低频汉字语音激活的确切时间。

实验三

实验三使用视觉相似的低频同音字作为实验材料来进一步研究前两个实验的结果。视觉相似同音字指的是两个同音字包括相同的声旁。低频形异同音字也用作目标字，目的是为了重复前两个实验的结果并和低频形似同音字的结果进行比较。

一、方法

（一）被试

河北大学30名本科生参加了实验三。他们没有参加过之前的实验。所有学生都有标准或矫正标准视力。

（二）材料

所有48个启动字，包括24个高频启动字和24个低频启动字，也都选自最常用的4574字（现代汉语频率词典，1986）。表13列出了实验三的材料例子。全部实验材料见附录3。

高频启动字的选择标准同实验一，即一组同音字的前三个字中的任一个。除了其中8个没有遵循这一标准。但是，但是这8个中只有三个的频率低于40次/百万但大于28次/百万。24个高频启动字的平均频率为159次/百万，分别为其匹配24个低频形似同音目标字和24个低频形异同音字目标字。这48个低频目标字的字频都低于10次/百万，平均字频分别为5次/百万和3次/百万。目标字的控制字字频和笔画也进行严格匹配,它们的平均字频是 3 次/百万。此外,60 个形似音异字用作填充字。

24 个低频启动字的字频均低于 10 次/百万,平均字频为 6 次/百万。分别匹配 24 个形似同音字和 24 个低频形异同音字为目标字,它们的平均字频都为 3 次/百万。目标字的控制字的字频和笔画也都进行匹配。另外 60 对字用作填充字。

实验三使用被试内设计。所有实验材料按拉丁方分成三组,每组包括三种类型共 88 对启动—目标字对,包括 24 对高频启动字和 24 对低频启动字。每一组材料中每个启动字只出现一次,所有的刺激都以假随机的方式呈现。实验字的例子见表 13。

表 13 同音字激活研究实验三的实验材料例字

	高频启动字	低频形似	低频形异	低频控制
	安	鞍	谙	佬
平均字频	159	5	3	3
平均笔画	10	11	11	10
	低频启动字	低频形似	低频形异	低频控制
	馋	谗	禅	肋
平均字频	6	3	3	4
平均笔画	11	11	12	10

(三)实验程序 实验程序同实验一。

二、结果

表 14　同音字激活研究实验三各条件的反应时和错误率

	目标字		
	低频形似	低频形异	低频控制
高频启动	781（83）	843（110）	840（88）
错误率	4.1	5.9	6.4
低频启动	781（95）	848（99）	849（87）
错误率	2.9	3.8	3.3

分析时首先剔除大于1500毫秒和小于300毫秒的反应时数据。这些数据不到总体数据量的2%。平均的反应时和错误率在表14中列出。有两个高频启动字和对应的目标字数据被剔除出数据分析，因为超过60%的被试不能给出反应或者做出错误的反应。分析表明各条件之间的错误率没有显著差异。

总体方差分析用于分析两因素被试内反应时数据，两个因素分别为启动字频率（高频对低频）和目标类型（形似，形异和控制）。目标类型的主效应显著 $F1（2, 58）= 17.81, p < 0.001$；$F2（2, 132）= 6.64, p < 0.005$。没有其他显著的主效应或者交互作用。我们使用单独的计划比较来分析目标类型效应。对高频启动字的分析表明形似同音目标字和控制字的反应时差异显著，$F1（1, 29）= 14.41, p < 0.001$；$F2（1, 42）= 5.26, p < 0.05$，表明相对于控制字来说，高频启动字

促进了他们的形似同音字的命名，而没有促进形异字的命名。此外，分析也表明在两类同音目标字之间也有显著的差异，F1（1，29）= 12.55，p<0.001；F2（1，42）= 4.41，p<0.05。没有其他效应达到显著水平。对低频启动字的分析表明，相对于控制字来说，低频启动字也只能促进形似同音目标字的命名，F1（1，29）= 13.52，p<0.001；F2（1，46）= 5.63，p<0.05。结果也显示两类同音目标字的命名时间有显著差异，F1（1，29）= 11.55，p<0.005；F2（1，46）= 5.28，p<0.05。没有发现其他的显著差异效应。

三、讨论

实验三的结果表明低频形异同音字没有出现命名促进效应，这进一步重复了实验一和实验二的结果。但是低频形似同音字却出现了促进效应。这些结果表明同音字的激活一定受到同音字的字形的影响，进一步验证了我们在前两个实验中的推测。

众所周知，汉字在视觉词识别的初期阶段可以分解为更小的字形单元，如笔画部件（例如，Ding, Peng, & Taft, 2004; Huang, 1986; Huang & Wang, 1992; Leong, Cheng, & Mulcahy, 1987; I.‐M. Liu, 1988; Taft & Zhu, 1997; Tan et al., 1995）。一个字，通过它的声旁可以激活很多包含此声旁的汉字（例如，Hue, 1992; Peng, Yang, & Chen, 1994）。在实验三中，启动字可能同时激活所有包含同一声旁的同音字，即使这些同音字的频率差异很大。目标字的预激活促进了目标字的识别，这可能导致低频形似同音字被激活。

总体讨论

本研究的三个实验结果表明汉字识别过程中语音不能激活所有的同

音字。具体来说,汉字的语音只能激活一些高频形异同音字和一些低频形异同音字。原因可能与汉字的独特性,尤其是同音字的频率差异和字形有关。

　　本实验的结果是在短时呈现条件下发现的,但是我们在有足够长的呈现时间内也发现相同现象。我们给一些学生呈现一些写在纸上的字,让他们自由回忆能想到的同音字或其他字。当一个字有很多同音字时(如,西,息,昔……),他们难以想起它的低频字,无论给他们多长时间。

　　毫无疑问,如果一个低频同音字不能被语音激活,它的语义就不能被激活。这些发现为我们上一研究的发现提供了一些证据。即同音字频率差异导致同音字的不彻底激活,以及低频语义启动字的同音字不能促进与语义启动字有语义关系的目标字的命名。这两个研究的结果表明汉字的语义可以通过形音两条通路通达。而且,这些结果也进一步表明,语音的通路可能没有效率,因为同音字的频率差异和数量众多。例如,如我们假定的那样,高频字的语音的激活晚于语义激活,导致语义通达中缺乏语音效应。另一方面,低频字的语义激活早于语义,这导致语音通路的语义激活早于视觉通路。但是因为语音能激活很多同音字(高频或者形似的),许多语义都会被语音激活,从中确定一个明确的意义需要较长时间,这导致语音通路的语义激活无效缓慢。

　　本实验中需要进一步研究的一个问题是汉字音义激活时序问题。我们的研究中,我们没有发现 60 毫秒内出现语音启动效应,但在 250 毫秒内发现此效应。我们假设低频同音字的语音在 60 毫秒内不能激活但在 250 毫秒内可以激活。之前的研究极少有能清楚回答这一问题的,因为大多数研究都是集中在高频字的识别研究上。但即使是高频字的音义激活时序目前也没有一致发现（例如，H. C. Chen & Shu, 2001）。这一问题还需要更多的研究。而这一方面的研究可以为汉字语音在汉字语义激活中的作用提供进一步的证据（例如，Zhou & Marslen-Wilson, 2000）。

第四章

汉字语音和语义激活时序的 ERP 研究

在第三章中，我们通过一系列的行为反应时研究对汉语词汇识别中语音作用这一核心问题进行了深入探索。从本章起，我们报告三个 ERP 研究。第四章是对汉字阅读中语音语义激活时程的探索，这一方面的研究也为汉字阅读中语音的作用提供进一步的证据。第五和第六章是对汉字语音加工神经机制的研究，这方面的研究是对汉字语音作用研究的延伸，同时也使我们更深入理解汉字语音认知加工神经机制。

前述章节回顾中，我们知道关于语音在视觉词汇识别中的作用有三种不同的理论解释。直通理论认为单词意义直接通过形义通路获得，语音不起作用。语音中介假设认为语义完全是通过形—音—义的间接通路获得的。一些双通道理论认为两条通路都存在，但是他们的相对作用是受词汇频率决定的。所以直接通路一般用于识别高频词汇。另一些双通路模型认为间接的通路比直接的通路激活更快（例如，Luo, 1996; Folk, 1999, Rastle & Brysbaert, 2006）。不同的理论对语音和语义在单词识别过程中的相对时程有不同的预测。直接通路预期语义的激活一定早于语时，但是语音中介理论和一些双通道理论预测语音的激活无可置疑要早于语义。其他一些双通路模型则预期两者的激活时序取决于单词频率。

拼音文字的研究大多数使用行为研究手段（见 Frost 于 1998 年关于此问题的详细回顾）和事件相关电位技术来（ERPs）（例如，Bentin et al.，1999）来探测这些问题。虽然目前仍有一些对立的结果（例如，Jared & Seidenberg，1991；Ziegler，Benraiss，& Besson，1999），大多数证据都认为语音在词汇识别的早期快速激活并被用于激活单词语义（例如，Braun et al.，2008；Newman & Connolly，2004；Perfetti & Bell，1991；Pexman & Lupker，2001；Van Orden，1987；Frost，1998）。拼音文字语音在词汇通达中的这种强效作用可能反映了拼音文字系统作为一种浅正字法的设计特征，比如，具有较强的形音对应规则从而有利于语音的快速激活加工（Van Orden et al.，1990）。

相反，汉语中词汇理解时语音的作用却是一个争议巨大的问题。如前所述，在汉字音义激活时程问题上，以往研究多使用行为的研究范式，而且在高频词汇上的研究没有获得一致的结果（例如，Perfetti & Tan，1998；Zhou & Marslen-Wilson，2000；Weekes，Chen，& Lin，1998）。一些报告语音激活早于语义的研究难以重复（H. C. Chen & Shu，2001）。另一些研究使用低频词作为实验材料却发现单词频率可能影响单词语音和语义的激活时序（例如，Chen，Wang，& Peng，2003）。相比行为研究，这一问题目前只有两个相关 ERP 研究（例如，Chen et al.，2007；Liu，perfetti，& Hart，2003）。

Liu 等人（2003）使用与 Perfetti 和 Zhang（1995）的研究中一样的干扰实验范式，操纵语义判断任务的语音相关性和语音判断任务中的语义相关性。对于语义任务，语音是一个无关的维度，同音字对应该被判断为无关，所以产生一个否定反应（no response）。对于同音任务，语义是一个无关维度，语义相关字应该被判断为无关，所以产生一个否定反应。通过这样的逻辑，被试在这些关键的否定实验材料上的反应就为语音和语义加工的相对时序提供了清楚的证据。例如，如果语义任务中的语音产生了干扰（该任务中语音无关，根据实验要求，最好被抑制掉），也就是说，把同音字对判断为无关要比形音都无关的控制字对判断为无关要慢，或者更不准确，这反映的是一种不受控制的自动语音加工。这样的语音激活也可以被看作在时间上比语义激活更早。如果有如下这样的发现：语音激活干扰语义判断，但语义激活不干扰语音判断，则我们可以推测语音激活早于语义而不是语义激活早于语音，因为只有较早的激活会干扰较晚的激活而不是相反的情况（Perfetti & Zhang, 1995）。

Liu 等人（2003）发现，相对于控制字，语义判断任务中的同音启动字导致 N400 减弱，这表明语音影响汉字语义加工，甚至在实验中语音与任务无关也会自动激活影响语义加工。所以这一结果就成为汉字识别中语音激活早于语义的证据。但是，Liu 等人的研究只使用了高频词，不能确定这一结果能否推广到所有汉字识别上。另外，无数研究已经证明 N400 对语义加工非常敏感（例如，Bentin, Kutas, & Hillyard, 1993；Kutas & Van Petten, 1988），所以 Liu 等人的研究中，同音判断任务中同义字对不产生任何 N400 效应是一个比较奇怪的结果。原因可能是由于他们实验材料选择的不合适，他们的实验材料中大约有 1/3 的语义字对的语义关联程度非常微弱，这一点在下面将进行详细论述。

在接下来由同一研究小组所做的工作中，Chen, Liu 和他们的同事（2007）引入了词频变量，发现高低频汉字的语义相关性都产生了 N400 成分。但是，他们发现语音相关性的操控却没有在高频字上产生任何

N400效应。对于低频字来，除了加强的N400效应外，同音字对也产生了一个加强的P200效应（相对控制字来说）。假定早期的P200（早于N400）反应的是与字形加工相联系的语音激活（例如，Kramer & Donchin, 1987；Barnea & Breznitz, 1998；Sereno, Rayner, & Posner, 1998），Chen等人认为对于低频字来说语音激活要早于其语义激活。

但是这一结论明显存在着一些问题，而且这一研究也有一些研究方法上的不足。首先，这一ERP研究中，行为反应时的结果与他们之前开展的行为研究的反应时结果中的一些重要方面完全不一致。比如，即使使用的是同样的研究范式和材料（Chen et al, 2001, 2003），Chen等人（2007）在低频汉字中发现语音激活早于语义，但是Chen等人（2001, 2003）的行为研究中却没有发现低频字上音义有时序差异。其次，Chen等人（2007）发现高频汉字的反应时显著地长于低频汉字，这一结果与他们之前发现的与经典的词频效应一致的结果完全相反（Chen et al., 2001, 2003）。再次，对于高频汉字，Chen等人（2007）的研究没有发现同音N400效应。但在他们先前的研究中及其他研究中，高频字同音N400效应很强，在不同的研究中都稳定出现（例如，Liu et al., 2003；Barnea & Breznitz, 1998；Rugg, 1984；Valdes–Sosa et al., 1993）。最后，在Chen等人（2007）的实验设计中，是把高低频汉字放在不同的实验中，使用不同的实验组被试，这样的设计不如采用被试内实验设计，以增强检验效力，并能直接比较高低频汉字以检验汉字频率的作用。

本章的ERP研究基于Liu等人（2003）和Chen等人（2007）研究，但采用更严格的实验设计。我们仍采用Liu等人（2003）研究中的实验设计思路，使用语义判断任务和语音判断任务。不同之处是我们的研究同时包括高低频汉字,并严格操控语义相关字对的语义关联性。实验中使用的字对要么是语音相关的(如同音),要么是语义相关的,或者无关的。为了进一步控制刺激字在被试组水平上的变异,被试同时对同一组实验材料进行语义和语音判断加工。

对于语义任务,我们检验语音相关字对在行为和ERP的反应上和无关控制字对之间的差异,以此来检验是否被试在进行语义判断时存在语音激活,并且激活发生在何时。同样的,对于语音任务,我们也检验语义相关字对在行为和ERP的反应上和无关控制字对之间的差异,以此来检验是否被试在进行语音判断时存在着语义激活,并且激活发生在何时。基于相关的ERP成分的潜伏期,我们可以比较语音和语义激活时序,同时检验字频对于这样的激活模式的影响。

本研究要考查的ERP成分是N400和P200,这些成分在之前的文献,尤其是相关的汉字ERP研究中都已经被证明是相关的音义加工成分。我们预期首先能重复在文献中发现的经典结果,即在语义和语音判断任务中语义相关字对都能产生减少的N400效应。我们也预期在语义判断任务中在高频汉字上能发现同音字对导致减弱的N400效应,以重复Liu等人(2003)研究中的结果。我们特别关注的是在语义判断任务中是否会出现P200效应,像Chen等人(2007)的研究中所显示的那样,它表明较早期的语音激活。我们也关注这样的效应在高低频汉字中是否相同。如果不管字频如何,语义激活早于语音激活,则该结果支持直接通路理论,相反的结果则支持语音中介理论和某些双通道理论(例如,Luo,1996;Folk,1999)。如果发现字频影响音义加工的相对时序,则结果支持由Coltheart(1978)和Jared和Seidenberg(1991)提出的双通道理论。

一、方法

（一）被试

首都师范大学 16 名本科生参与本实验（平均年龄 =21.4 岁，7 名男生），所有学生具有标准或矫正标准视力。

（二）材料

为了描述方便，每对字中的首字叫作启动字，第二个字叫作目标字。一共 120 个目标字，都选自常用的 4574 个字。每一个目标字匹配三个启动字，包括一个语义相关字（同义，反应，或者是同类属字），一个同音字，一个无关字，无关字形音义都不相关。三组启动字的平均笔画和字频都进行严格匹配。一半的目标字是高频字，字频大于 100 次/百万。另一半目标字是低频字，字频低于 30 次/百万。高频目标字总是匹配高频启动字。全部的目标字和启动字及其匹配形成的刺激字对详见附录 4。对于高频字对，目标字的平均字频，语义相关启动字、同音字、控制字分别是 990 次/百万，733 次/百万，734 次/百万和 735 次/百万。对于低频字，它们对应的字频分别是 12.4 次/百万，11.7 次/百万，11.9 次/百万和 11.7 次/百万。

如前边所述，我们的实验中要严格控制语义相关字对之间的语义相关性。30 名首都师范大学的本科生对语义相关字对之间的语义相关性进行 7 点量表评估，1 代表最低，7 代表最高。高频语义相关字对的语义关联性平均估值是 5.98，低频对应的是 5.62，两者没有差异（p > 0.1）。同一组被试也对 Liu 等人的实验中的语义相关字对进行评估，发现平均估值仅为 4.98。60 对语义相关字对中有三分之一的语义关联性低于 4.5（13 对低于 4.5，8 对低于 4.0），一些字对甚至低于 2，例如，矿（mine）—场（ground）之间的相关性只有1.3。

每名被试完成6组实验，三组是语义任务，三组语音任务，6组实验材料按被试间进行平衡呈现。每一组实验材料包括144个实验刺激对，120个正式实验对，24对是填充对。一半实验刺激对是高频字对，一半是低频字对。对每一种频率字对，各包括20对语义相关字对，20对同音字对，20对无关控制字对。不同条件下的实验材料按照拉丁方方法进行平衡分配。使用填充字对的目的是尽量平衡实验中正负反应的次数，以减少实验中的反应偏差。

（三）程序

被试在专用的脑电实验室进行实验。如图12所示，被试在电脑屏幕上首先看到一个停留300毫秒的注视点。消失后随之出现一个启动词，呈现140毫秒，然后消失。之后是一段360毫秒的空屏。然后目标字出现在同一位置并停留500毫秒，随后消失并被一段停留1800～2200毫秒的空屏覆盖。被试的任务是快速准确地对字对进行判断。对于语义任务，被试的判断是一对字是不是语义相关；对于语音任务，被试的判断是两个字是不是同音字。在实验过程中，要求被试尽量减少头动和眨眼。在正式实验之前，每个被试接受20个练习熟悉实验任务要求和程序。

二、ERP 记录

使用Neuroscan脑电记录系统从62个电极记录脑电波（EEG）。电极按国际10～20系统放置。EEG在线记录以放置于左乳突的电极做参考，离线分析以左右乳突的电极平均值为参考。垂直眼电（VEOG）通过放置于左眼上下的一对电极进行记录，水平眼电（HEOG）通过放置

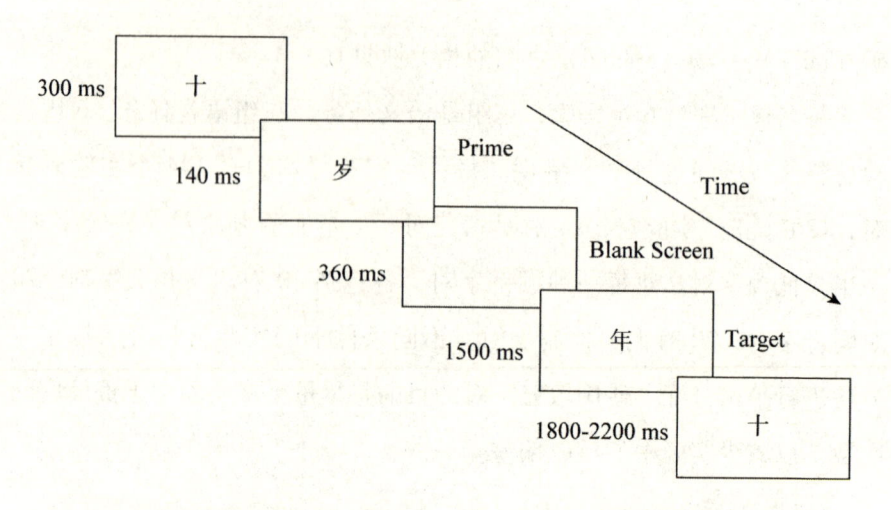

图 12 刺激字对的呈现顺序，被试看到两个词，它们按顺序呈现在屏幕上，要求被试在语音或语义任务中判断它们是否具有语义相关性。

于左右两眼边的一对电极进行记录。使用 500Hz 的采样频率，带通滤波范围为 0.05~40 Hz。电极与头皮电阻保持在 5 kΩ 以下。所有的离线 ERPs 都排除眼动和移动伪迹（> +/-75μV）。只使用正确的反应刺激来计算离线平均 ERP。填充刺激材料的数据不包括在分析内。取样从目标刺激出现前 100 毫秒开始，持续到目标刺激出现后 1000 毫秒。目标刺激之前出现的 100 毫秒作为基线。

三、ERP 数据分析

基于目测，探索性 t 检验和文献研究中的结果，正式的分析集中在两个时间窗口内，一个在 180~300 毫秒内，一个在 300~420 毫秒内。每一个时间窗口内的平均 ERP 信号波幅先被计算出来，然后使用重复测量的方差分析进行分析，包括三个因素，分别为字频（高、低），关系类型（语义、语音和无关），电极（Fz, F3, F4, Cz, C3, C4, pz, p3，p4，Oz，O1，O2）。这 12 个电极被公认为是语音加工的代表性电极，在多个 ERP 研究中被选取报告（例如，Hsu et al., 2009；Lee et al., 2007）。为了与文献中的研究一致并进行比较，我们没有选取使用其他的电极。另外所有的方差分析均使用 Greenhouse – Geisser 值较正法。所有的交互作用效应都进行事后简单效应分析。

四、结果

（一）行为结果

表 15 呈现的是两种任务中每一条件下被试的平均反应时（RT）和错误率。对每一任务，我们使用两因素重复测量方差分析对反应时数据进行分析。

语义判断任务的反应时分析发现，关系类型的主效应显著（624 毫秒 vs. 605 毫秒，F（1, 15）= 4.43，p = 0.05），但频率的主效应不显著（F < 1），这一结果表明同音字对的判断反应时比无关字对的反应要慢。关系类型和字频之间的交互作用显著（F（1, 15）= 11.33，p < 0.005）。事后比较分析显示只在低频字对中，同音判断显著慢于控制字对（630 毫秒 vs. 598 毫秒，F（1, 15）= 21.27，p < 0.001）。

同音判断任务下的反应时分析表明，关系类型和字频的主效应都很显著（Fs > 18.4，ps < 0.005）。高频字对的反应时显著快于低频字对的反应时（550 毫秒 vs. 581 毫秒），语义相关字对的反应时显著慢于控制字对（575 毫秒 vs. 557 毫秒）。字频和关系类型间交互作用也显著（F（1, 15）= 7.77，p < 0.05）。高频字对与低频字对中，语义相关字对的判断时间都显著长于控制字对，分别为（555 毫秒 vs. 545 毫秒，F（1, 15）= 9.08，p < 0.01），（594 毫秒 vs. 568 毫秒，F（1, 15）= 16.84，p < 0.005），可

以看出，前者的差异要小于后者（10 毫秒 vs. 26 毫秒）。

对错误率数据进行同样的重复测量方差分析，发现两种任务下不同条件的错误率无论是主效应还是交互效应都达到显著（Fs > 4.69，ps < 0.05）。事后分析比较显示低频字的语义任务中，被试在同音字对上的错误显著大于控制字对（12.4% vs. 5.4%，F（1, 15）= 17.5, p < 0.005）。低频字的同音任务中，被试在语义相关字对上的错误显著大于控制字对（5.3% vs. 1.4%，F（1, 15）= 9.97, p < 0.01）。

表 15 同音和同义判断任务中的反应时和判断错误率

	同义判断任务			同音判断任务		
	同音字对	同义字对	控制字对	同音字对	同义字对	控制字对
高频	619（7%）	568（12%）	612（7%）	557（11%＊＊）	555＊（3%）	545（1%）
低频	630＊＊（12%＊＊）	631（24%＊＊）	598（5%）	597（21%＊＊）	594＊＊（5%＊）	568（1%）

注：＊P < 0.05，＊＊P < 0.01，与控制组相比。括号中的数字代表错误率。

（二）ERP 结果

和前边所述一样，分析集中在否定反应的刺激字对上（例如，被判断为无关的字对上），因为它们与检验语义任务中的语音激活和语音任务中的语义激活最相关。图 13 和图 14 显示两种任务下两种频率字对所有否定反应刺激字对上的平均 ERP 波形，可以看出在 180~300 毫秒时间窗口上有一个正波（称为 P200），在 300~420 毫秒时间窗口上有一个负波（称为 N400），在 500~700 ms 窗口处有一个正波。为了检验语音和语义的激活时序，我们只分析 P200 和 N400 两个成分。

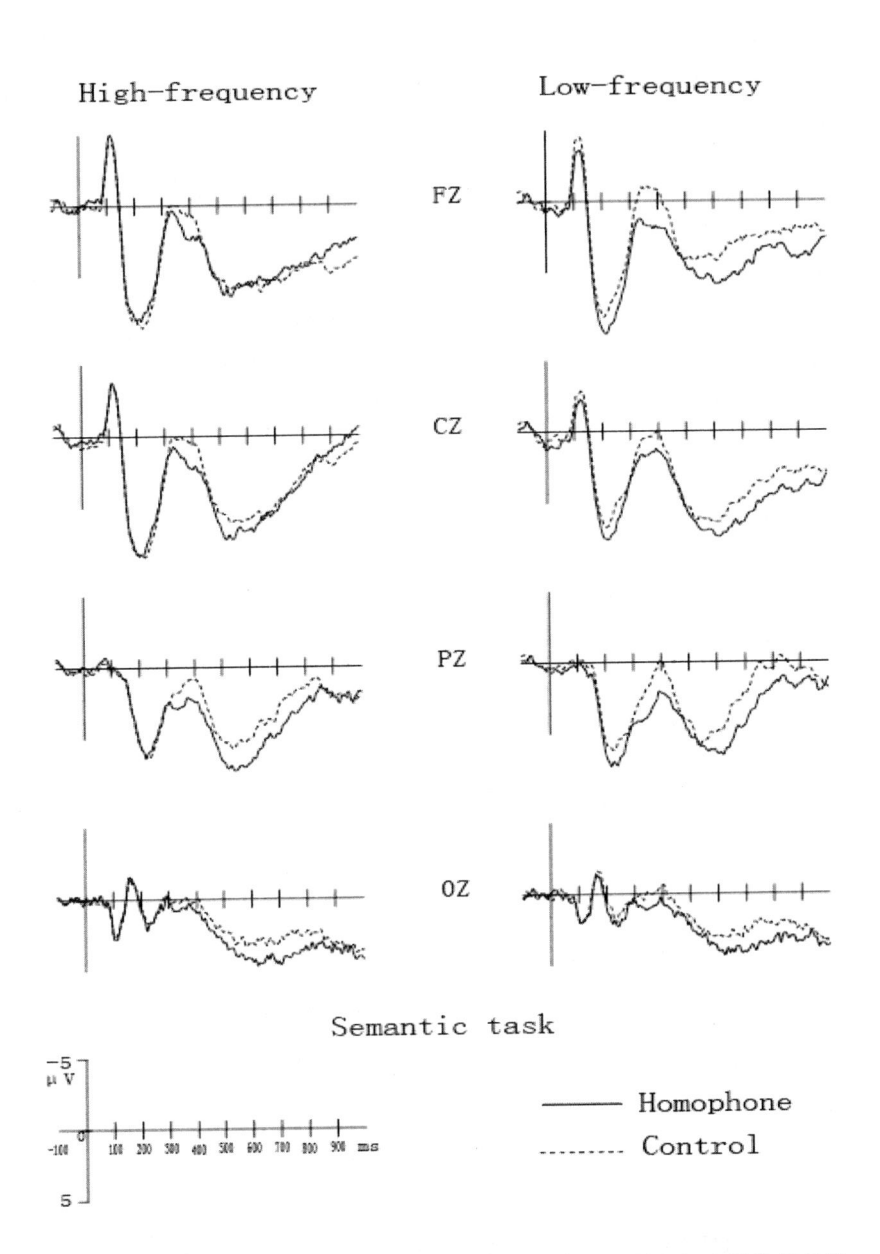

图 13 语义判断任务中在 Fz, Cz, Pz, Oz 四个代表性电极上的目标字平均 ERP 波

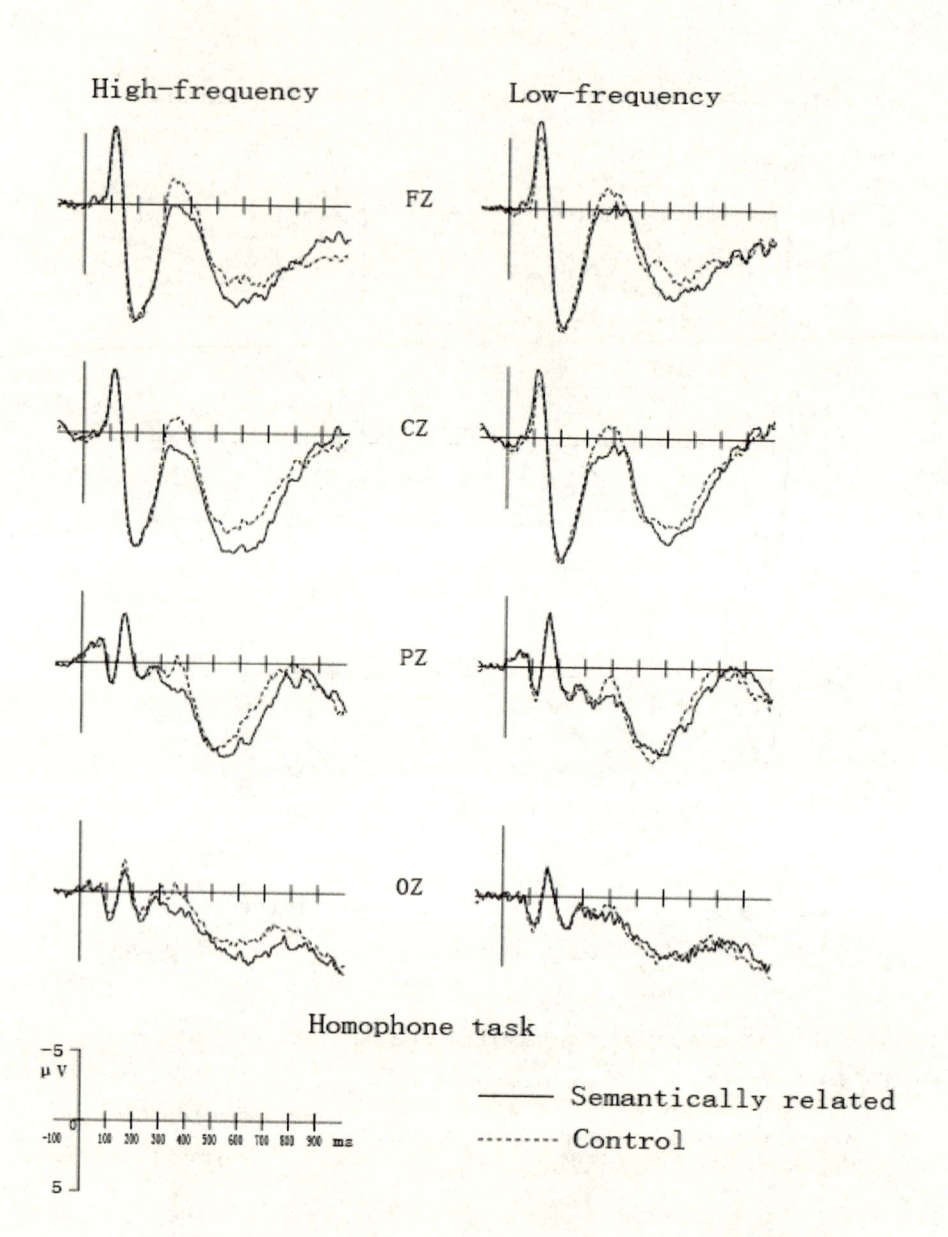

图 14 语音判断任务中在 Fz, Cz, Pz, Oz 四个代表性电极上的目标字平均 ERP 波

(三) 语义判断任务下的 ERP 结果

使用三因素（频率、关系类型、电极）重复测量方差分析对选定时间窗口内的平均 ERP 波幅进行分析。结果如下。

180～300 毫秒。分析显示频率主效应显著（$F(1, 15) = 12.75$，$p < 0.005$），表明低频字对比高频字对产生更大的波幅。频率和关系类型的交互作用显著（$F(1, 15) = 4.61$，$p < 0.05$），频率和电极之间的交互作用显著（$F(11, 165) = 3.20$，$p < 0.05$）。进一步的分析表明关系类型的效应只对低频字对显著（$F(1, 15) = 6.13$，$p < 0.05$），这一结果表明同音字对的波幅大于控制字对的波幅；频率的效应在下述电极上显著 C3，Cz，C4，P3，Pz，Oz，O2（$ps < 0.05$）。图 15 中上边两个图显示的是高低频条件下差异波的脑地形图（同音条件—控制条件）。可以看出，低频条件下关系类型的效应遍布整个脑皮层。

300～420 毫秒。分析显示关系类型的主效应显著（$F(1, 15) = 15.17$，$p < 0.001$），频率和电极交互作用显著（$F(11, 165) = 3.09$，$p < 0.05$），关系类型和电极交互作用显著（$F(11, 165) = 7.65$，$p < 0.001$）。进一步的分析表明频率效应只在 P3 电极上显著（$p < 0.05$），关系类型在 Fz，F4，Cz，C4，Pz，P4，Oz 和 O2 这些电极上显著（$ps < 0.05$）。图 15 下边两个图显示的是高低频条件下不同差异波的脑地形图（同音条件—控制条件），表明关系类型的差异主要分布在中线和大脑右半球区域。

(四) 同音判断任务的 ERP 结果

使用三因素（频率、关系类型、电极）重复测量方差分析对选定时间窗口的平均 ERP 波幅进行分析。

180～300 毫秒。该时间窗口下三因素的主效应和交互效应都不显著（$F < 1$）。

Semantic task

High-frequency　　　　　　　　　　　Low-frequency

180–300 ms

300–420 ms

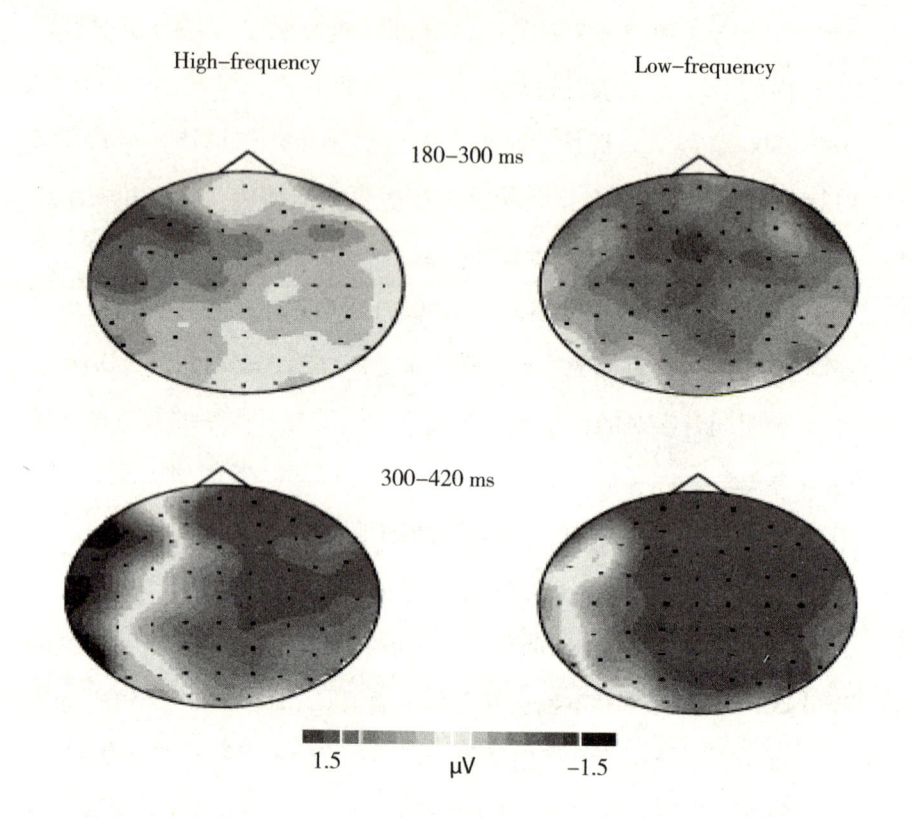

1.5　　μV　　−1.5

图15　语义任务中，180～300毫秒和300～420毫秒两个时窗内差异波的脑地形图（同音—控制）

300～420毫秒。分析表明关系类型的主效应显著（$F_{(1, 15)}$ = 11.34，$p < 0.005$）。频率和关系类型的交互作用显著（$F_{(1, 15)}$ = 4.58，$p < 0.05$），关系类型和电极的交互作用显著（$F_{(11, 165)}$ = 4.32，$p < 0.05$）。进一步分析发现高低频两种情况下关系类型的效应都显著（低频：$F_{(1, 15)}$ = 4.89，$p < 0.05$；高频：$F_{(1, 15)}$ = 17.98，$p < 0.005$），分布在Fz，F4，C3，Cz，C4，P3，Pz，P4，O1，Oz和O2这

些电极上（ps < 0.05）。图 16 显示的是高低频字对差异波脑地形图（语义相关—控制条件），可以看到关系类型的效应分布在所有头皮层上。

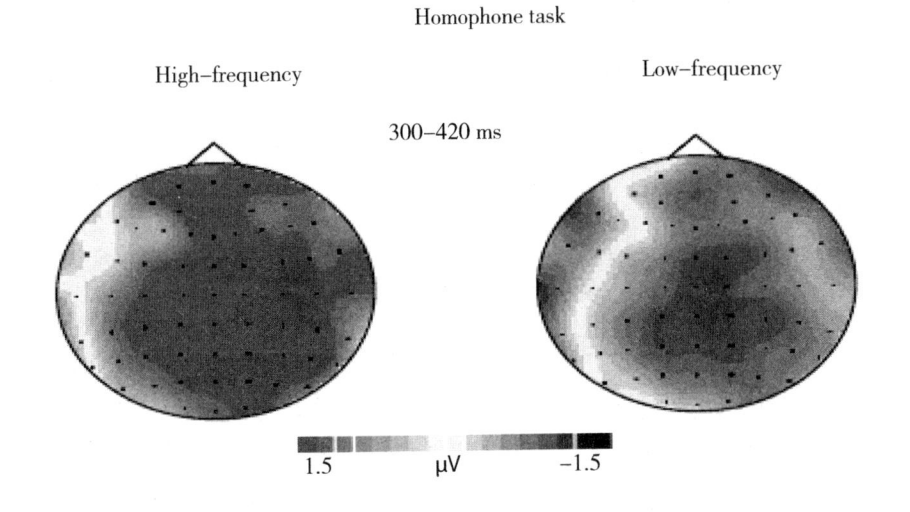

Homophone task

High-frequency   300–420 ms   Low-frequency

1.5   μV   −1.5

图 16 同音任务中，300~420 毫秒时窗内差异波的脑地形图
（语义相关条件—控制条件）

五、讨论

使用语义判断和同音判断，以 ERP 技术探索高低频汉字识别中的音义激活时序问题。最主要的行为和 ERP 结果是汉字字频影响汉字的音义加工时序。对于高频汉字，研究发现语义任务中同音字对的行为反应与控制字无差别，但是在同音任务中，语义相关字对的行为反应与控制字有显著差别。根据干扰范式的原理（见 Perfetti & Zhang, 1995; Liu et al., 2003），这一结果表明语义激活干扰语音判断，但是语音激活不干扰语义判断，说明高频字的语义激活早于语音。

但是 ERP 结果表明语义任务中的同音字对和同音任务中的语义相

关字对都比控制字激活的 N400 效应小。这些结果与已有研究的结果一致，即 N400 除了对词汇语义加工敏感外，也与汉字语音加工有关，特别是语音的相似性判断有关（例如，Barnea & Breznitz, 1998; Valdes-Sosa et al., 1993; 不同发现也见 Zigeler et al., 1999, 这一研究间的差异 Liu 等人归结为实验范式的不同，见 Liu et al., 2003; Newman & Connolly, 2004）。结合行为和 ERP 结果，似乎可以说明高频汉字语义激活早于或者不晚于语音激活。

低频字的行为反应结果发现，相对于控制字来说，语义任务中的同音字和语音任务中的同义字的反应都显著更慢，表明语义判断中有语音干扰，且语音判断中也有语义干扰。ERP 数据表明，对于低频字，语音和语义相关字对都产生了类似的减弱 N400，这些结果说明了音义信息的激活，但是不能说明它们激活的时序问题。但是，重要的是我们发现语义判断任务中同音字对产生了一个比控制字对更大的 P200。P200 是一个早期成分，文献中指出其与语音加工有关。本研究中，这一结果表明对于低频汉字来说，语音是在刺激字呈现大约 200 毫秒后被激活，早于由 N400 标识的语义激活。

所以，对于高频字，我们观察到语音和语义都激活了 N400 效应，可以表明两种信息的激活没有时序差异。虽然这一明显的 N400 效应发现没有出现在 Liu 等人（2003）和 Chen 等人（2007）的研究中，但我们的结果与文献中的发现高度一致，这也证明了本研究设计的可靠性。对于低频字，本结果进一步证实了 Chen 等人（2007）的结果，表明语音的激活早于语义。综合考虑，本研究进一步为汉字字频影响音义激活时序提供了确凿的认知神经学的证据。例如，Kuo 等人（2003）在一个 fMRI 研究中发现，阅读低频汉字要比高频汉字进行更多的语音加工

（如涉及回忆、形成和语音输出的整合）。

本研究发现的字频效应不支持直接观点（例如，Seidenberg，1985；Taft & van Graan，1998）或者语音中介观点（例如，Lukatela & Turvey，1994；Van Orden，1987），这两种理论都预测一个顺序固定不变的音义激活时序。相反，本结果与一些预测频率会影响词汇激活的双通道理论一致（例如，Coltheart，1978；Jared & Seidenberg，1991）。但与强调语音激活一定早于语义的双通道理论不一致（例如，Luo，1996；Folk，1999，Rastle & Brysbaert，2006）。同样，我们的发现也不支持汉字识别的交互成分模型（Interactive Constituency Model，Perfetti & Tan，1999），该模型与Luo（1996）和Folk（1999）等人的模型一样都认为语音激活一定早于语义。

并行通达假设（Parallel Access Hypothesis，Xu，Pollatsek，&potter，1999）是另一种关于汉字识别中语音作用的理论模型。它是一个赛马模型（直接的字形通路和间接的语音通路），认为通达的速度是由赢得比赛的较快的通路决定的。虽然这一模型解释了他们的语义相关性判断任务中语音激活没有频率效应这一结果，但Xu等人（1999）指出他们对于字频效应的研究主要是基于事后分析，并指出这一双通路模型解释性效力太大，需要进一步明确其关于字频如何影响两种通路相对强度的具体假设。因此，他们希望有更多的系统的而不是事后检验来理解字频对语音激活的影响，以更好地对它们的模型进行细化。Chen等人（2007）和本研究的结果似乎表明词频可能是通过影响语音激活通路激活的速度来调节两条通路在语义激活竞争中的相对强度。很明显，还需要更多这方面的研究来进一步细化这样的模型。

总的说来，本研究的行为和ERP结果表明汉字字频影响汉字识别中音义激活时序问题。低频字中语音激活似乎早于语义,但高频字中语音激活不早于语义,说明语音在低频汉字的语义通达中起更重要作用。本研究也证明 N400 成分对词汇通过中的语义和语音加工都很敏感,且 P200 成分是汉字识别中早期语音激活的一个标识。

[注:本章报告的实验研究文章已经发表在国外期刊上,见 Zhang, Q. , Zhang, J. X. & Kong *, L. Y. (2009). An ERP study on the time course of phonological and semantic activation in Chinese character recognition. *International journal of psychophysiology*, 73, 235~245.]

第五章

汉字语音加工与 P200 研究

在前述几章中,通过行为研究,我们看到汉字语音只能在低频汉字语义激活中起到有限的作用。根据双通道理论,语音只在低频汉字语义激活中起作用的一个可能原因是低频字中语音的激活早于语义激活,所以语音有机会激活语义(例如,Coltheart,1978,1980;Van Orden,1987;Van Orden, Johnston, & Hale, 1988)。我们及其他关于汉字语音语义激活时程的研究发现,字频的确影响汉字音义激活的先后顺序。我们发现高频字的语音激活不早于语义,但低频字中语音激活早于语义激活。这似乎为汉字语音在低频字语义通达中起作用提供了证据。在这些研究中,标识早期语音激活的成分是 P200。但实际上,在目前词汇识别语音激活研究领域内,至少在拼音文字词汇识别研究中,关于 P200 是否真的反映了语音激活仍然有争议(见第二章第四节关于拼音文字语音 ERP 研究回顾)。

在汉语词汇识别中,这一问题也有争议。目前只有少量的 ERP 研究直接检验了语音加工而且结果也不太一致。Liu,perfetti 和 Hart(2003)与 Valdes-Sosa 等人(1993)的研究中,只在视觉相似词对上发现了减小的 P200 效应,同音字对只产生了减少的 N400 效应,但没有

P200效应。Chen等人（2007）也发现了视觉相似词对产生P200效应，但同音词对产生的增强P200效应只出现低频字上（2007）。我们关于汉字音义激活时序的ERP研究也发现了低频字同音字对的P200增强效应。这些研究使用的实验任务多为语义判断任务。Hsu等人（2009）和Lee等人（2007）的研究使用同音判断任务，发现了语音P200的一致性效应，这似乎表明P200效应不仅仅局限于语义任务。从大多数研究发现来看，汉字识别中P200似乎是汉字语音加工的早期反应标识。

  结合拼音文字的研究结果来看，语音加工与P200的关系这一问题需要进一步的探索。要证明P200是否反映词汇早期语音加工，可通过探索P200是否受到语音相似性的影响即可。如果语音相似性上的变化导致P200效应发生变化，则可以推论P200反映了词汇语音早期激活加工。这里需要对语音相似进行严格的操控，主要是排除字形相似的混淆。在拼音文字中，语音相似性词对往往就是视觉相似性词对，清楚地区分词汇语音相似性比较困难。这种混淆不利于单独考查语音加工的P200效应，因为在语音相似性词对上产生的P200效应可能也混淆了字形的加工。在汉语当中也存在着这种相似性的混淆，但以往的研究中并没有重视这一点。例如，Liu等人（2003）的研究中使用了形似合体字对，这样在视觉相似词对上发现的P200效应可能反映了可发音的亚词汇声旁的语音加工而不一定是单纯的视觉相似性加工。同样道理，如果使用字形相似的同音字对，其产生的P200效应可能同时反映了字形相似性加工或者亚词汇语音加工，这样就难以通过P200效应来探测单独的语音加工。所以在我们的研究中，我们将使用字形不相似的同音字，同时操纵语音的相似性程度来研究P200与汉字语音加工的关系。具体而言，我们使用形异同音字对和形异同韵字对做实验材料，通过考查并比较两种条件下的 P200 效应来考查 P200 与汉字语音的相似性程度的联系。

之前的汉字 ERP 语音研究中，Chen 等人（2007）和 Zhang 等人（2009）的研究使用形异同音字对做实验材料，发现 P200 受到两个字形相异的同音字对的影响。这个结果非常重要，因为这些结果能清楚地表明 P200 反映了语音加工，而没有受到亚词汇语音加工或词水平或亚词汇水平的字形加工的混淆。在我们目前这一 ERP 研究中，我们也首先使用同音字对来重复这一结果。更重要的是我们对另外一种语音相似性与 P200 的关系的考查，即 P200 与同韵的关系。如果同韵字对也激活较大的 P200 效应，那就能更好地支持 P200 的确只反应单纯的语音加工这一结论。同时也能使我们确信 P200 是早期语音加工的反映，也是语音激活早于语义激活的一个可靠指标。在我们的研究中，同时包括同音和同韵字对这种做法也是以往的研究中所没有做过的，这将能使我们更好地比较两种语音相关性的 P200 效应，从而探讨 P200 加工的机制。由于同音词对具有相同的声母也有相同的韵母部分，但同韵词对只有相同的韵母部分，看起来这两者的语音相似性程度是不同的。所以我们预期可能会有一个不同的 P200 出现，同音字对可能会比同韵字对产生更大的 P200。总之，这种比较能使我们更好地了解 P200 背后的认知机制和它的特点。

一、方法

（一）被试

17 名华南师范大学的本科生（平均年龄 = 22.6 岁，9 名女生）参加了本次实验。所有被试视力或矫正视力正常。

(二) 材料

为方便起见，本实验材料中每一词对中的第一个词叫作启动词，第二个词叫目标词。两个词没有视觉相似性。一半词对是关键的考查词对，它们没有语义相关性。另一半词对是填充词对，它们是语义相关词对。我们一共从现代汉语频率词典中选出70个词作为关键目标刺激词。每一个目标词匹配三个启动词，一个是同音词，另一个同韵词和一个控制词。控制启动词与目标词之间没有形音义上的相关性。这样总共有210对测验词对，对这些字对的笔画和字频进行严格匹配。填充词对尽快可能与测验词对匹配（一些词对是同音的，另一些不同音）。表16列出了实验中的材料例子。全部的实验材料见附录5。每一名被试在5个实验组里共接受完成420对刺激，每一组里边有42对测验刺激和42对填充刺激。5个实验组跨被试平衡。使用拉丁方法对不同条件下的刺激字进行排序。为了最大限度地匹配不同条件下的目标刺激属性，我们使用被试内设计。对每一名被试来说，每一个词对的目标词会呈现三次，每次被试只看到其中一种启动词启动。类似的重复目标词的设计在相关的文献研究中多次使用（例如，Chen et al., 2007; Liu et al, 2003; Zhang et al., 2009）。与这些研究一样，我们把目标词分配到5个实验小组里，这样每一个目标词在每一个实验组里只出现一次。

表16 实验材料例字及三种条件下的反应时和错误率

	启动字			
	同音字	同韵字	控制字	目标字
单词	梏	恤	甥	雇
发音	/gu4/	/xu4/	/sheng1/	/gu4/

续表

	启动字			目标字
	同音字	同韵字	控制字	
字频	9	11	8	9
笔画	10	11	10	10
反应时	665（102）	646（103）	644（113）	
错误率	3.9（3.4）	3.9（3.5）	1.8（2.6）	

注：表格最底下两行是三种条件下被试的行为平均反应时和错误率。括号中的数字表示标准差。

(三) 程序

被试在专用的脑电实验室进行实验。如图 17 所示，被试在电脑屏幕上首先看到一个停留 300 毫秒的注视点。消失后随之出现一个启动词，呈现 140 毫秒，然后消失。之后是一段 360 毫秒的空屏。然后目标字出现在同一位置并停留 500 毫秒，随后消失并被一段停留 1800～2200 毫秒的空屏覆盖。被试的任务是判断每一对中两个词是否有语义相关。要求被试尽可能又快又准确的按键反应。在实验过程中，要求被试尽量减少头动和眨眼。在正式实验之前，每个被试接受 20 个练习熟悉实验任务要求和程序。

二、ERP 记录

采用 BP 公司生产的脑电记录系统从 63 个电极记录脑电波（EEG）。电极按国际 10～20 系统放置。EEG 在线记录以放置于左乳突的电极做参考，离线分析以左右乳突的电极平均值为参考。垂直眼电（VEOG）通过放置于左眼上下的一对电极进行记录。使用 500Hz 的采

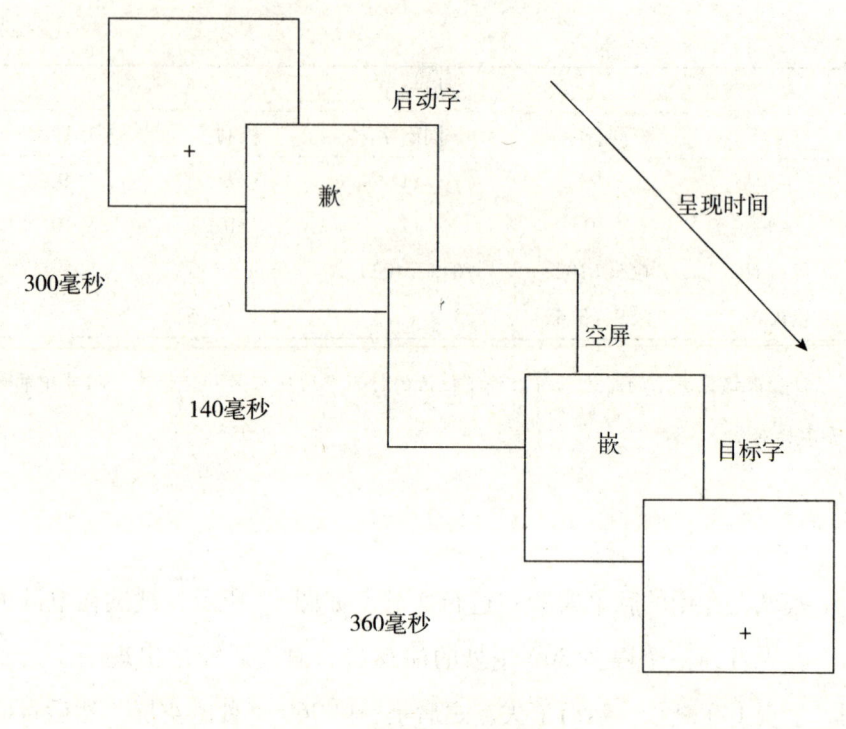

图 17 刺激呈现序列

样频率，带通滤波范围为 0.1~70 Hz。电极与头皮电阻保持在 5 kΩ 以下。所有的离线 ERPs 都排除眼动和移动伪迹（> +/−75μV）。只使用正确的反应刺激来计算离线平均 ERP。填充刺激数据不包括在分析内。取样从目标刺激出现前 100 毫秒开始，持续到目标刺激出现后 800 毫秒。目标刺激之前出现的 100 毫秒作为基线。

三、ERP 数据分析

如图 18 所示，三种条件下的平均 ERP 波表明在 100~140 毫秒处出

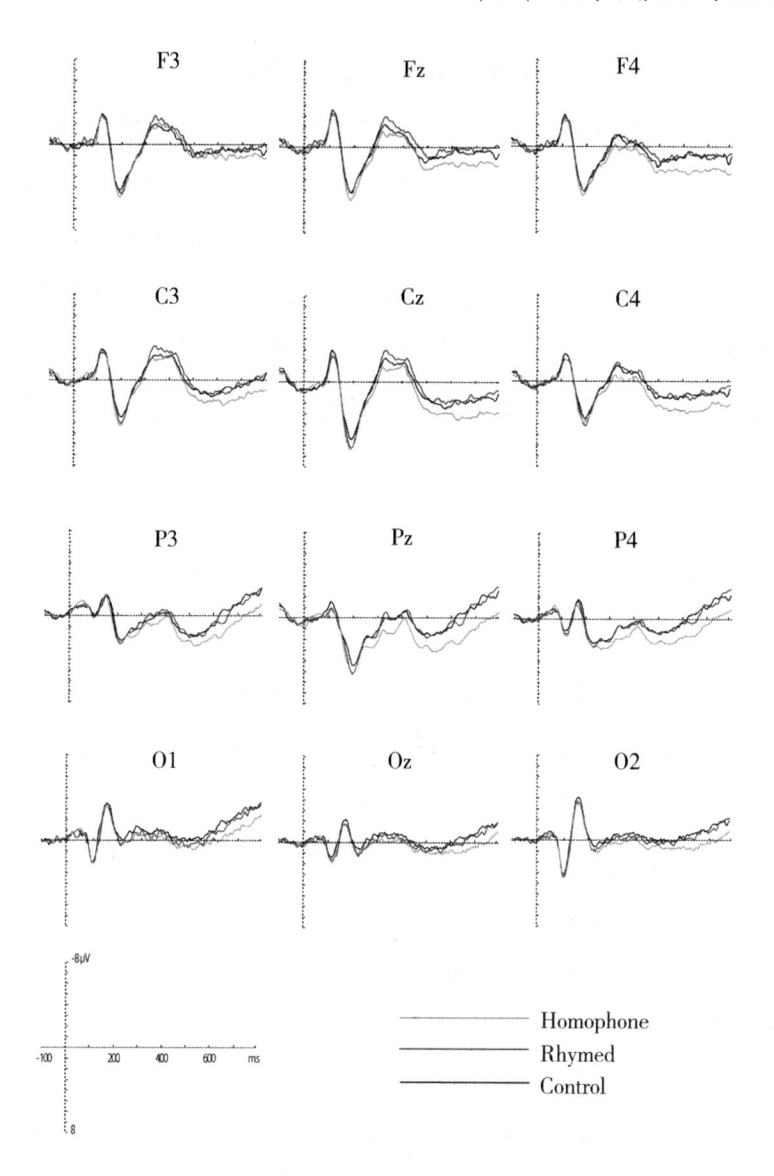

<<< 第五章 汉字语音加工与 P200 研究

图 18 三种条件下目标字在 12 个代表性电极上的平均 ERP 波

现一个负波，在 180~300 毫秒处出现一个正波，在 300~450 处出现一个负波。分别把他们界定为 N1，P200 和 N400。对 P200 成分的分析按下述步骤进行。首先选取30毫秒时窗内（180~210毫秒）的平均值，然后计算每一名被试在三种条件下的平均值；最后使用两因素的重复测量方差进行分析。两个因素为启动条件（同音，同韵和控制）和电极（Fz, F3, F4, Cz, C3, C4, Pz, P3, P4, Oz, O1, O2）。这12个电极被认为是语音加工的代表性电极（例如，Hsu et al., 2009; Lee et al., 2007）。在我们的ERP研究中，我们只选取这12个电极进行分析是为了与文献中的研究一致并进行更好比较。另外所有的方差分析均使用Greenhouse – Geisser值校正法。

四、结果

（一）行为结果

三种条件下被试的反应时和错误率如表16所示。对于反应时数据，单因素的重复测量分析表明启动条件主效应显著（F (2, 32) = 6.22, p < 0.01）。配对比较显示同音字对的反应时显著长于控制字对（665毫秒 vs. 644毫秒，p < 0.01），但是同韵字对的反应时与控制组没有区别（646毫秒 vs. 644毫秒，p = 0.8）。由于错误率太小（低于5%的概率事件），所以没有对其进行分析。

（二）ERP结果

分析显示启动条件及电极的主效应都显著（F (2, 32) = 4.1, p < 0.05; F (11, 176) = 24.74, p < 0.001）。两者之间无交互作用（p = 0.46）。相对控制条件，同音和同韵两条件下的P200显著大于控制条件，分别为1.97 vs. 2.57, p < 0.01; 1.97 vs. 2.39, p < 0.05）。同音和同韵之间无差别（2.57 vs. 2.39, p = 0.47）。

不同条件差异波的脑电图分析如图19所示。图中所标的是三种条

<<< 第五章 汉字语音加工与P200研究

件的两两比较t值。图上每一点所显示的是每一对比较的单样本t检验t值（df =17 -1）。t检验基于180~210毫秒时窗内的平均振幅差异。右侧标尺显示的是t值。在自由度为16时（df =16），t值等于2.1时对应的显著性水平为p =0.05。

以控制条件为参考，同音和同韵条件显示出相同的中央/顶页区激活（见图19左侧图）。以同韵条件为参考，同音条件总是显示更多的左侧颞叶和额页激活，但没有达到统计显著。这一点见图7.3右侧图所示（df =16，色轴上2.1代表p =0.05的显著水平）。

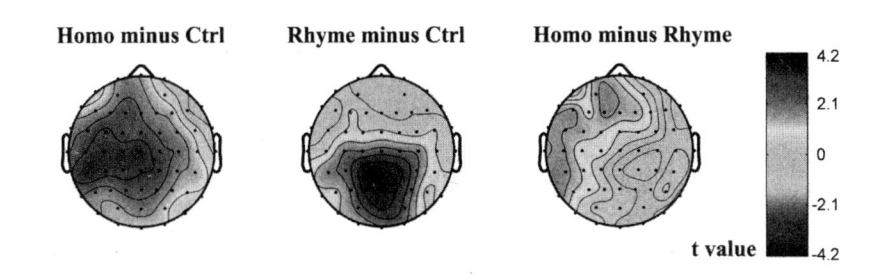

图19 基于t值的跨条件ERP差异波脑地形图。
　　左图：同音对控制（homo minus ctrl）；
　　中图：同韵对控制（rhyme minus ctrl）；
　　右图：同音对同韵（homo minus rhyme）。

五、讨论

分析结果表明当要求被试对形异词对进行语义相关性判断时，语义无关的同音词比控制词对激发了更大的P200。这一结果重复了Chen等人（2007）和Zhang等人（2009）的研究发现，表明P200受到语音相似性的调节，且不受正字法相似性的影响。反应时数据也显示了在判断同音词对是否为语义无关时出现了干扰效应。即与控制词对相比，同音词对更难以被判断为语义无关。但是同音词对产生较大的 P200 效应并不直接对应反应时上的干扰效应。我们认为，同音造成的较大 P200 效应反应的是目标词的语音被其同音词启动而进行的快速加工（例如，Barnea & Breznitz, 1998; Zhang, et al., 2009）。目标词的语音被启动词预激活，然后启动了它的语义表征，这一点可以从同音条件下减少的 N400 中可以看出。语音启动的出现使被试错误地判断这两个词有语义相关。此外，启动与目标词语音相同，即使与任务无关，也能产生相似的反应偏差。我们认为克服这些反应偏差会产生反应时上的干扰效应（例如，Zhang et al., 2009）。

语义无关的同韵词对也产生了增强的 P200 效应。这个结果再次表明 P200 对语音加工敏感且与正字法的相似性无关。与对同音条件下的解释一样，我们认为同韵 P200 效应反映的是由于启动和目标词之间部分的语音匹配而产生的快速语音加工。但是，部分的语音匹配可能不足以激活目标词的语义激活，因为汉语中同韵的词是如此众多。也就是说，不像同音条件，同韵条件下的目标词其语义不能被预先启动，这一点可以从同韵和控制条件的 N400 无差异看出。而且因为启动与目标词的整个音节语音是不同的，我们推测音节水平上的语音随着加工时间增长可能会抑制亚音节水平上语音的加工，所以较晚的语义判断就不受亚音节水平的影响。这一点可以解释为什么在行为反应时中同韵条件没有产生干扰效应，但在 ERP 中显示 P200 效应。

虽然同音条件的 P200 稍微大于同韵条件的 P200 效应，这种差异在统计上并没有达到显著。同样，虽然同音条件比同韵条件显示出更多的左侧颞叶和额叶激活,两种条件直接比较却显示两者没有显著差异(P=0.05)。两种条件的 ERP 效应都显示出以头皮顶中区为中心的激活分布,这一结果与以往功能性磁共振发现一致,表明左侧顶下区在与包括同韵判断有关的语音加工任务时被激活(例如,Bookheimer, et al., 1995; Fiez, Balota, Raichle, Petersen, 1999; Petersen, et al., 1988; Poldrack, et al., 1999)。

同音和同韵条件的 P200 效应几乎一样,这一点多少有点令人吃惊,因为这两种条件看起来在语音相似性程度上是不同的,且我们预期同音条件的 P200 可能会更大些。但是这一预期被证明是不成立的。这可能是由于汉语语音的特点导致的。汉语中没有系统的形音对应规则。汉字的音节语音必须通过词汇激活后才能获得,而不需要通过如英语中那样的组合语音过程。因此,亚词汇韵母的语音,虽然也是音节语音的一部分,仍可能与音节语音是同一时间激活的。换言之,韵似乎与音节以同样的方式进行加工,而不是音节的下级加工。

本研究为 P200 反映汉字早期语音激活提供确凿证据,将来的研究需要考查 P200 是否也能单独受正字法相似性的调节。除了语音相似性,也有一些证据表明正字法相似性产生减小的 P200(Chen et al., 2007)。如果结果真是如此,形音相似性之间的联合效果将能解释目前文献中的一些冲突结果,即一些研究中发现 P200 减小,而另一些研究中发现增强的 P200 效应。所以未来需要解决的一个重要问题就是解释为什么一种相似性强化 P200 而另一种相似性减弱 P200。

此外,虽然本研究使用了字形相异词对(不包括共同的声旁)来专门考查词汇语音加工,本研究也没有排除 P200 可能也对亚词汇声旁语音加工同样敏感这一可能性。在汉语中词汇和亚词汇声旁两种水平的语音是可以分开的,所以将来的研究可以通过比较规则和不规则汉字来考查单独的词汇语音和亚词汇语音加工 P200 变化。

总的说来,本研究结果表明 P200 的确可以反映汉字语音加工,无论是音节水平的语音加工还是亚音节水平的韵的加工。这一结果为文献中以往关于语音加工的早期激活提供了进一步的证据,更为有关语音和语义激活研究中低频字的语音激活早于语义,所以它有可能在语义激活中起作用提供了进一步的证据。将来的研究可以深入考查形音相似性对 P200 的共同影响,也可以深入考查词汇语音与亚词汇语音在 P200 上的反映。

[注:本章报告的实验研究文章已经发表在国外期刊上,见 Kong, L. Y., Zhang, J. X., Kang, C. P., Du, Y., Zhang, B., Wang, S. P. (2010). P200 and phonological processing in Chinese word recognition. *Neuroscience letters*, 473, 37~41.]

第六章

汉字字形和亚词汇语音加工与 P200 研究

在本章中我们继续探索汉语词汇形音加工与 P200 的关系。如上一章研究所述，本章的研究重点是汉字识别中正字法和词汇及亚词汇语音信息加工对 P200 效应的影响。这方面的研究将有助于我们更深入全面地了解汉字语音加工与脑神经标识 P200 之间的关系。比如，语音加工的 P200 与字形加工的 P200 之间的关系，词汇语音与亚词汇语音加工的 P200 之间的关系，等等。

关于语音的 P200 研究中，我们已经知道 P200 反映了汉字加工早期的音节水平和韵水平的语音加工（Kong et al., 2010）。目前还不清楚的是 P200 能否反映单独的正字法加工，以及当字形和语音相似性都存在时 P200 效应如何变化。在英文单词中，形似词往往就是音似词，区分视觉相似与语音相似非常困难，难以考查单独的视觉相似性与 P200 效应的变化。先前的汉语研究发现汉字形似合体字对导致产生减弱的 P200 效应（例如，Chen et al., 2007），但由于含有相同声旁的合体形似字对可能也涉及亚词汇声旁语音加工，所以形似合体字对产生的 P200 效应也可能混淆了亚词汇语音加工，而非反映了单纯的字形加工。如果是的话，这意味着 P200 对亚词汇声旁的语音加工也很敏感。但先前并无研究清楚地证明这一点。

因此，在本研究中，我们通过两个实验一并考查以下这些问题。首先考查单纯的字形加工与 P200 的关系，即字形是否能单独调节 P200 的变化？我们尝试在使用合体字对的同时使用形似独体字对来考查 P200 与汉字字形加工的关系。独体字是由不同笔画组成的汉字，不能像合体字一样再进一步分出部件，如声旁和义旁。汉语中很多独体字视觉相似但语音不同，比如"未"和"末"，"且"和"目"等。使用这些独体字对即可以排除亚词汇形音加工，进而考查单纯的字形加工与 P200 的关系。研究表明汉语形似合体字对比较稳定地产生减弱的 P200 效应（例如，Chen et al., 2007），这个效应不可能全部归因于亚词汇声旁的相似性。所以我们预期在排除亚词汇语音相似性加工的独体形似字对上也会发现减弱的 P200 效应。如果出现效应，它就说明 P200 对视觉相似性加工敏感，并能单独受字形的调节。此外，实验中同时包括独体和合体相似字对也能让我们同时比较两种字体相似性下的 P200 效应，给我们的上述结论提供更多支持。如果独体形似字对的 P200 效应与合体字对有差异，就预示着 P200 可能与亚词汇形音加工也有关，可能对亚词汇语音加工比较敏感。所以，在实验二中，我们进一步考查 P200 是否对亚词汇语音加工敏感，即亚词汇语音的加工是否影响 P200 效应的变化。

在实验二中，我们尝试通过比较形似音同与形似音异的合体字的 P200 效应来进一步考查当字形和语音相似性同时存在时的 P200 效应。与形似音异合体字对可能只涉及亚词汇语音相比，形似音同的合体字对还涉及词汇语音加工，所以我们预期这两种条件下的 P200 效应会有显著的差异。此外，形似音同的合体字既可以是规则字也可以是不规则字。通过比较形似音同的规则字与不规则字，也可以探索 P200 效应与汉字规则性的关系。汉字规则性是指亚词汇声旁的读音与整字的读音的一致性关系。如果 P200 对汉字亚词汇语音加工敏感，它可能也对亚词汇声旁与整字读音的关系比较敏感，所以我们也预期会出现显著 P200 规则性效应，与英文研究曾报告的发现一致（例如 Sereno，Rayner，&posner，1998）。

实验一

实验一的目的是考查 P200 是否单独受汉字字形加工的调节，及其是否对亚词汇加工比较敏感。我们使用视觉相似的独体字对和合体字对来进行研究。

一、方法

（一）被试

18 个华南师范大学的本科生参与实验一（平均年龄 = 22.9 岁，11 个女生）。他们的视力达到标准水平或者矫正标准水平，均为右利手。在实验之前，所有被试都填写了实验知情同意书。

（二）实验材料

所有的实验用字选自常用的 4574 个字（现代汉语频率词典，1986）。实验一的关键材料包括不同音的独体字对、合体字对及填充字对。为方便描述，字对中的第一个字称为启动字，第二字称为目标字。独体字对包括字形相似的字对及其控制字对，各有 35 对。合体字对包括字形相似的字对及其控制字对，各有 35 对。形似合体字对中启动和目标字共享一个声旁。这样一共有 4 个实验条件，每个条件下 35 对，共 140 对测验字对。所有条件下的目标和启动字的笔画和字频都进行匹配。实验的填充字对包括形异义相关的填充字对和形似义相关的填充字对，各18对。刺激材料例子见表17。全部的实验材料见附录6。要求每个被试完成全部176对刺激字对。字对分成两组（block）。每一组（block）包括35对独体字对、35对合体字对和18对填充字对，共88对，随机出现。两组刺激材料按被试间顺序进行平衡安排使用。不同条件下的实验材料选择安排按照拉丁方方法进行。

表17 实验一中的材料例子及其属性

7	独体字	独体控制字	合体字	合体控制字
字对	目—且	片—八	读—续	料—神
发音	/mu4 – qie4/	/pian4 – ba1/	/du3 – xu4/	/liao4 – shen2/
平均字频	737~726	732~726	707~695	717~718
平均笔画	4.5~4.4	4.4~4.6	8.1~8.2	8.8~8.4

（三）程序

被试在专用的脑电实验室进行实验。在每一个实验序列中（见图20），首先在屏幕中央出现一个注视点，呈现300毫秒后消失。随之出现一个启动字，呈现140毫秒后消失。之后出现一个360毫秒长的空屏。然后目标字出现在屏幕上，呈现1500毫秒后被一个空屏替换，空屏呈现时间在1800~2200毫秒之间。实验任务是要求被试判断每一字对之间有无语义上的相关。要求被试尽可能又快又准确地进行按键反应，并且在实验过程中保持头部不动。在正式实验之前，每名被试先做20个练习以熟悉实验程序和任务要求。

（四）ERP记录

采用BP公司生产的脑电记录系统从63个电极记录脑电波

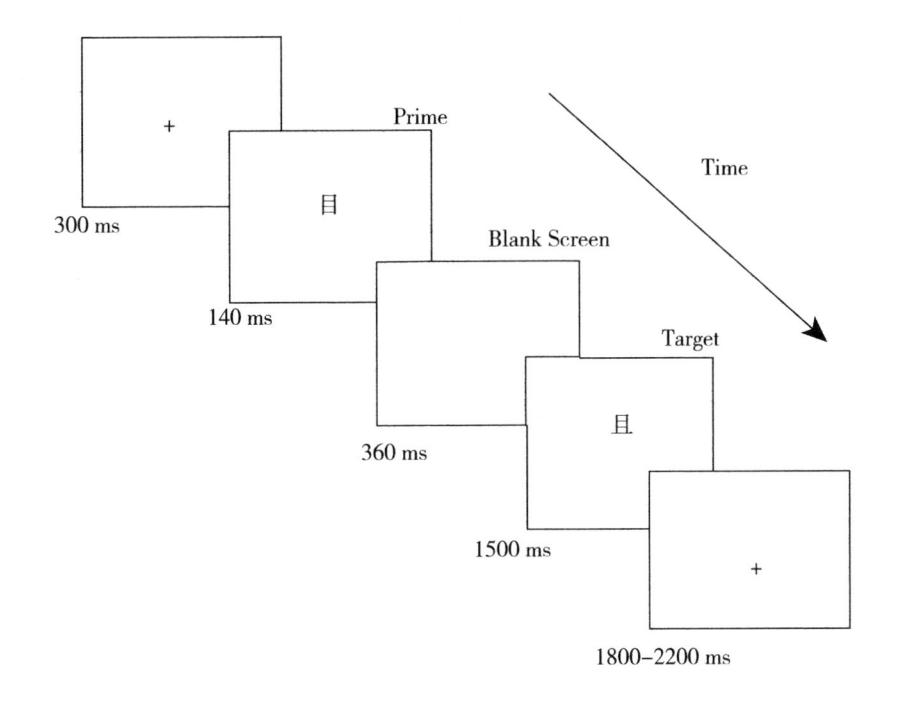

图 20 实验刺激序列呈现顺序

（EEG）。电极按国际 10～20 系统放置。EEG 在线记录以放置于左乳突的电极做参考，离线分析以左右乳突的电极平均值为参考。垂直眼电（VEOG）通过放置于左眼上下的一对电极进行记录。使用 500Hz 的采样频率，带通滤波范围为 0.1～70 Hz。电极与头皮电阻保持在 5 kΩ 以下。所有的离线 ERPs 都排除眼动和移动伪迹（＞ ＋/－75μV）。只使用正确的反应刺激来计算离线平均 ERP。填充刺激数据不包括在分析内。取样从目标刺激出现前 100 毫秒开始，持续到目标刺激出现后 900 毫秒。目标刺激之前出现的 100 毫秒作为基线。

（五）ERP 数据分析

如图 21 所示，各个条件下的平均 ERP 波表明在 100～140 毫秒处出

151

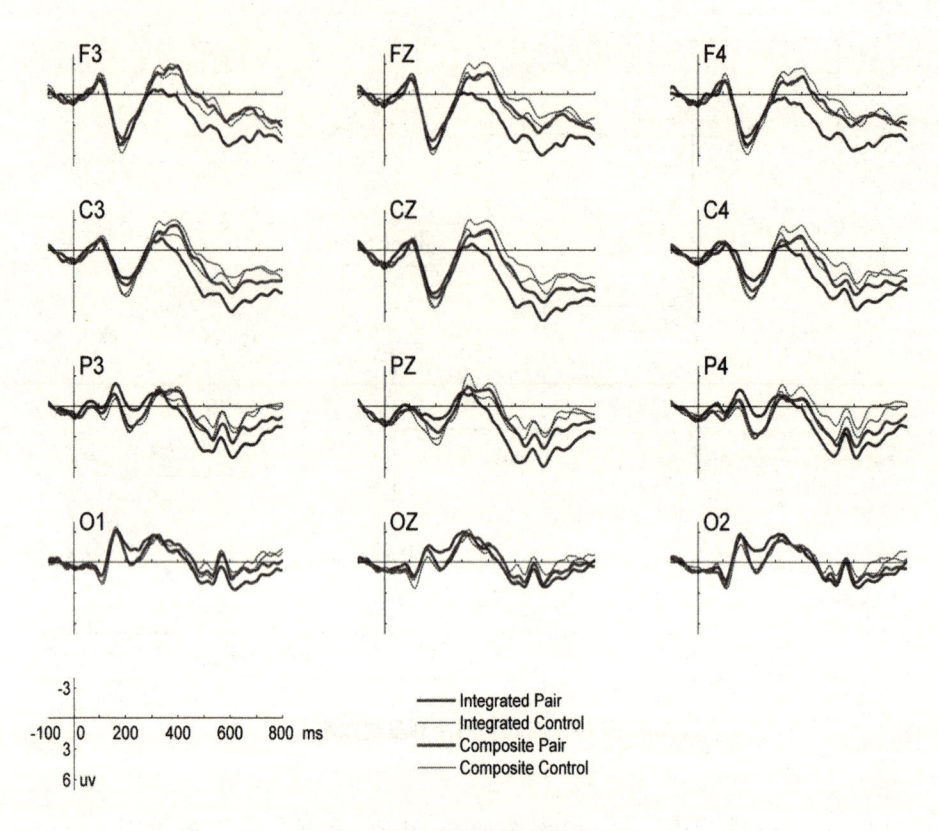

图21 各个条件下的平均ERP

现一个负波，在180~300毫秒处出现一个正波，在300~450毫秒处出现一个负波。分别把他们界定为N1，P200和N400。对P200成分的分析按下述进行。首先选取50毫秒时窗内（180~230毫秒）的平均值，然后计算每一被试在四种条件下的平均值；最后使用三因素的重复测量方差进行分析。三个因素为字的类型（独体与合体字）、字对类型（形似字对与形异字对）和电极（Fz，F3，F4，Cz，C3，C4，Pz，P3，P4，Oz，O1，O2）。这12个电极被认为是语音加工的代表性电极，也是我们在各个ERP研究中都遵循的电极选择标准（Kong et al., 2010），这

152

能保证与文献中的研究一致并进行更好比较。另外,所有的方差分析均使用 Greenhouse – Geisser 值较正法。

二、结果

(一) 行为结果

因为被试只对具有语义相关性的填充字对进行按键反应。所以我们只分析各条件下的反应正确率。对四种条件下的反应正确率进行分析发现被试的正确反应程度很高(平均达到 98.85%),四条件之间没有差异(分别为 99.53%,99.37%,97.63% 和 98.89%,$F(3, 54) = 6.68$,$p < 0.01$)。对填充词的反应正确率达到 76%。

(二) ERP 结果

如上所述,对选定时间窗内平均的 ERP 波幅的重复测量方差分析显示,字对类型主效应显著($F(1, 17) = 8.62$,$p < 0.01$);电极位置主效应显著($F(11, 187) = 17.05$,$p < 0.001$),两者交互作用也达到显著水平($F(11, 187) = 1.86$,$p < 0.05$)。电极与字类之间的交互作用也达到显著($F(11, 187) = 4.17$,$p < 0.001$)。而且三个因素的交互效应也显著($F(11, 187) = 10.55$,$p < 0.001$)。但字类和字对类型之间的交互只有边缘显著($F(1, 17) = 3.67$,$p = 0.07$)。分析表明,独体字与独体字控制组在脑中区和顶区部分差异显著(C3, C4, Ps < 0.05; O1, O2, Oz, P3, P4, Pz, $p < 0.01$; Cz, P = 0.054),合体字对与合体字控制组在头皮额区和中区有显著差异(F3, F4, Ps < 0.01; Fz, C3, C4, Ps < 0.05; Cz = 0.08)。两控制组在所有电极上都没有差异,形似独体字对与合体字的差异几乎出现在所有电极上(F3, F4, Fz, C4, Oz, Pz, Ps < 0.05; O1, O2, P3, P4, Ps < 0.01)。

图 22 的左侧图是差异波的脑地形图（独体字对—独体控制字对），表明独体字对的视觉相似性效应主要分布在头皮中区和顶区。图 22 的右侧图显示的是合体字对与控制字对的差异波。可以看出，合体字对的视觉相似效应主要分布在头皮额区和中区。

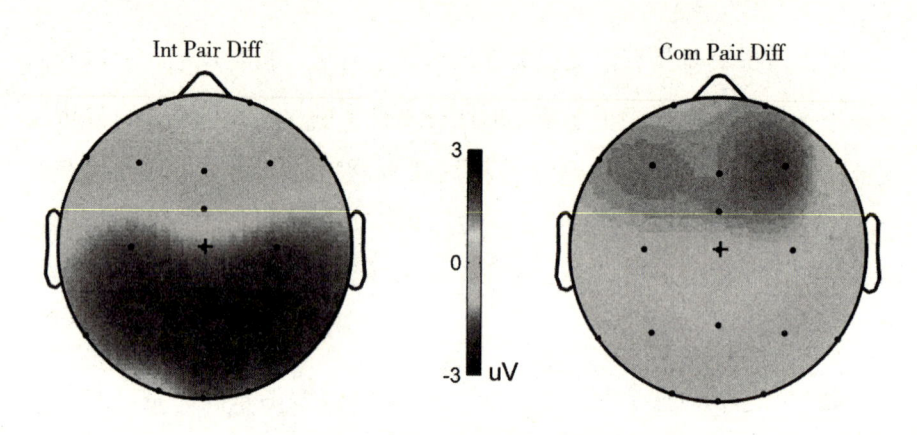

图22 独体字对与合体字对的差异波脑地形图
左图：独体字对减去控制字对（Int Pair Diff）
右图：合体字对减去控制字对（Com Pair Diff）

三、讨论

实验一的结果发现形似独体字对上激发的 P200 显著小于其控制字对，差异主要分布于头皮脑中部和顶后区，形似合体字对上激发的 P200 也显著小于控制字对，差异出现在额中区。而且，形似独体字对的 P200 效应与合体字对的 P200 效应在几乎所有脑区皮层上差异显著。这些结果表明 P200 对字形相似性非常敏感，能够反映单纯的汉字正字法加工，也对亚词汇声旁语音加工很敏感。而且亚词汇语音加工可能需要更多的脑区，如额中区的参与。合体字的 P200 效应强于独体字对可能是由于亚词汇语音涉入需要更多的认知加工。另一种可能是合体字比独体字具有更复杂的视觉组合，包括更多的笔画组合类型，如声旁和义旁。因为形似合体字对比独体字对需要更多的视觉分析，所以 P200 效应增强。

此外，之前的研究结果发现单纯同音字对导致的 P200 效应总是大于其控制字对（例如，Zhang et al., 2009; Kong et al., 2010）。而本研究中发现凡是形似音异字对的 P200 效应总是小于其控制字对。合体字对激活的 P200 效应包括亚词汇声旁的语音加工的影响（在词汇水平上的语音加工），但其效应相对于控制字对来说仍然是减弱的。结合这些研究结果，看起来汉字字形加工与语音加工在 P200 上产生了不同的影响，前者导致减弱 P200 效应，而后者导致增强 P200 效应。那么当形音相似性都存在时 P200 如何变化是值得进一步探索的问题。

实验二

在实验二中我们进一步考查当字形和语音相似性同时存在时的 P200 效应，同时通过操控形似音同字的规则性来同时探索 P200 与汉字规则性加工的关系。

一、方法

（一）被试

16 名华南师范大学的本科生参与实验二（平均年龄 = 22.1 岁，9 名女生）。他们的视力达到标准水平或者矫正标准水平，均为右利手。在实验之前，所有被试都填写了实验知情同意书。

(二) 实验材料

表 18　实验二中的材料例子及其属性

字对	规则同音 字对	不规则同 音字对	控制字对
字对	倌－棺	晦－海	谐－楷
发音	/Guan1/	/hui4/	/xie3－kai3/
平均字均	8～9	8～9	10～10
平均笔画	11.2～10.4	10.5～10.4	10.5～10.2

注：三类字都是视觉相似字，即都包含一个相同的声旁。

所有的实验用字选自常用的 4574 个字（现代汉语频率词典，1986）。实验二的材料全部为字形相似的合体字。为了方便描述，每一字对中的第一个字称为启动字，第二字称为目标字。合体字对包括形似同音规则字对，形似同音不规则字对、形似不同音控制字对，每一条件下各有35对，启动字和目标字共享一个声旁。这样一共3个实验条件，共 105 对测验字对。三种条件下目标和启动字的笔画和字频都进行匹配。实验的填充字对包括形似音同义相关和形似音异义相关的字对，共 25 对。刺激材料例子见表 18。每个被试都要完成全部 130 对刺激字对，字对随机出现。全部的实验材料见附录7。

(三) 程序

实验程序同实验一。

(四) ERP 记录

脑电记录同实验一。

(五) ERP 数据分析

同实验一一样，我们集中分析 P200 成分。选取 30 毫秒（180～210

ms）时间窗内的每个被试三种条件下的脑电数据，使用两因素的重复测量分析方法进行分析。两个因素分别是字对类型（形似同音规则、形似同音不规则和形似控制）和电极。12 个电极的选择标准同实验一。所有方差分析均采用 Greenhouse – Geisser 法进行校正。图 23 显示了三种条下的平均 ERP 波形。

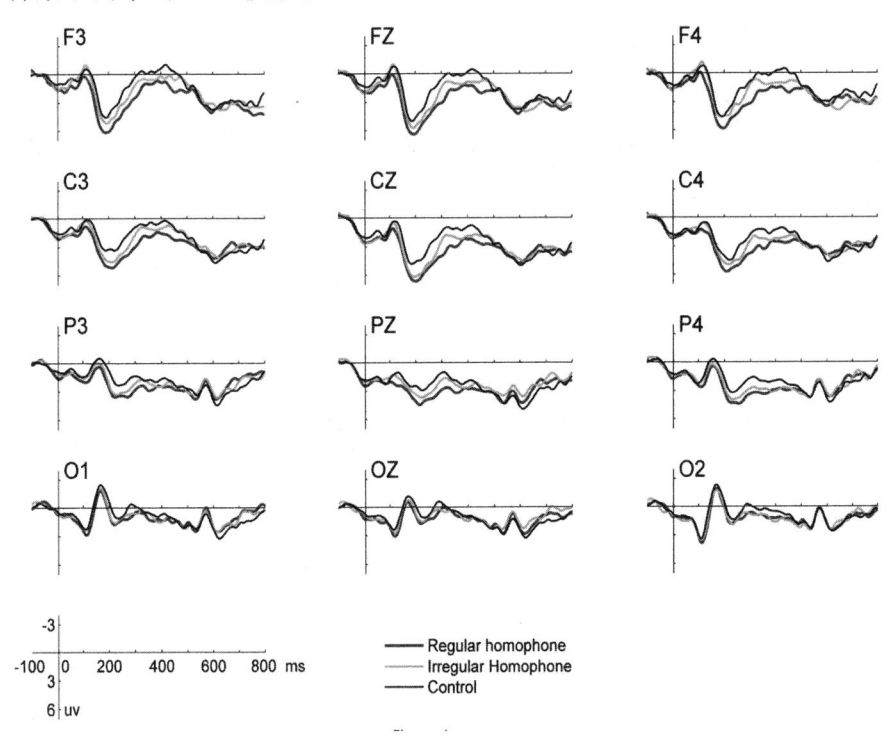

图 23　各个条件下的平均 ERP

二、结果

（一）行为结果

对三种条件下的反应正确率进行分析发现被试的正确反应程度很高

（平均达到 99.41%），三条件之间没有差异（99.12%，99.47% 和 99.65%，$F_{(2, 32)} = 0.77$，$p < 0.47$）。对填充词的反应正确率达到 63.76%。

（二）ERP 结果

两因素重复测量的方差分析表明电极位置主效应显著（$F_{(11, 165)} = 5.29$，$p < 0.001$），字对类型效应达到边缘显著（$F_{(2, 30)} = 2.5$，$p = 0.10$），两者交互作用也显著，$F_{(22, 330)} = 2.4$，$p < 0.001$）。交互作用分析表明形似音同规则字与控制字在额中脑区上差异显著（Cz，C3，F3，Ps < 0.05；Fz，F4，C4，ps < 0.1），形似音同不规则字与控制字在枕中区上差异显著（Cz，O1，O2，Ps < 0.05），形似音同规则字与形似音同不规则字只在 F4 上差异边缘显著（$P = 0.06$）。这些结果表明词汇水平的语音相似性，结合字形相似性（相同声旁），导致了更强的 P200。但是没有规则性又表明对汉字整字语音和声旁语音之间的对应不敏感。

图 24 显示了三种条件下的差异波的脑地形图（左：同音规则字对减去控制字对；中：同音不规则字对减去控制字对；右：同音规则字对减去不规则字对）。可以看出，同音规则条件下的关系类型效应分布在整个头皮部位，比同音不规则条件下有更多的额叶区分布。

三、讨论

在本研究实验一中，独体形似音异字对和合体形似音异字对都产生减弱的 P200 效应，但后者比前者的 P200 效应大。这可能是由于亚词汇语音信息在 P200 效应变化中的作用所导致的。在实验二中，形似同音字不仅包含相同声旁，词汇语音也相同，即字对中涉及更多的语音相似

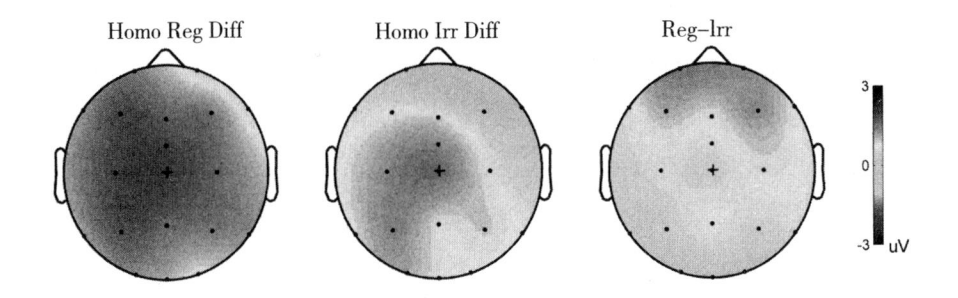

图 24　形似同音规则与不规则字对的差异波脑地形图

左图：同音规则减去控制字对（Homo Reg Diff）

中图：同音不规则减去控制字对（Homo Irr Diff）

右图：同音规则字对减去同音不规则字对（Reg – Iff）

性信息，结果我们发现形似音同字对的 P200 效应显著大于形似音异字对，进一步显示了语音相似性信息增强对 P200 的影响。而且，以往研究也发现单纯的语音相似性导致 P200 效应增强（例如，Kong et al.，2010）。综合这些研究结果，似乎可以确定出 P200 的变化趋势，即汉字的字形相似性会导致 P200 效应减弱，但语音相似性会导致 P200 效应增强。形似音异字对激活的 P200 效应可能是最小的，形异音同字对激活的 P200 可能是最大的，而当汉字字形和语音相似性都出现时，形音交互作用激活的 P200 效应可能程度居中。此外，实验二没有发现 P200 的规则性效应，似乎说明 P200 对汉字声旁与整字语音的对应关系并不敏感。

总体讨论

P200 与形音加工的关系是一个有争议的问题，拼音文字识别研究对 P200 是否反映词汇语音加工至今没有一致结论。我们先期的研究证明汉语词汇识别中 P200 单独受语音加工的影响（kong et al., 2010），但是 P200 是否单独受词形加工的调节，它对亚词汇语音加工是否敏感，以及形音相似性信息都存在时 P200 的变化这些问题都还不清楚。在本研究的两个实验中我们发现，独体与合体形似音异字对激活的 P200 效应都小于控制字对，但后者效应大于前者。而且，形似音同字对的 P200 效应显著大于形似音异字对，虽然形似音同的规则与不规则字对在 P200 效应上没有差异。这些结果表明，P200 能够反映字形正字法的加工，对亚词汇水平的语音也很敏感，但对亚词汇与整词两种水平之间的语音对应却不敏感，不受汉字读音规则性的调节。这些结果进一步深化了我们对 P200 加工机制的认识。

有一些 ERP 研究发现 P200 具有一致性效应，即低一致性汉字比高一致性汉字激发更大的 P200（Lee et al., 2007；Hsu et al., 2009）。在汉语中，一致性是字形与词汇水平语音之间的对应程度的统计，或者说是字形的相似性对语音的影响。汉字 P200 一致性效应反映其对形音对应规则的加工比较敏感。结合本研究没有发现 P200 的规则性效应来看，似乎表明 P200 对所有包含同一声旁的形似字之间词汇水平语音异同的分析比较敏感，即整字水平语音的加工敏感，但对不同词汇水平的语音对应关系却不敏感。

总的来说，拼音文字由于其词汇形音信息难以分离，致使关于 P200 与形音信息加工之间的研究结论难以一致。而利用汉字形音信息可以分离开来的优势，我们能够比较清楚地考查 P200 与汉字字形、语音、亚词汇语音、规则性、一致性加工之间的关系。在汉字识别中，P200 反映汉字形音交互作用的加工，也单独受字形和词汇语音加的调节工，对形音规则和亚词汇水平的语音加工敏感，但对词汇和亚词汇两种水平上的语音对应关系不敏感。

[注：本章报告的部分实验研究文章已经发表在国外期刊上，见 Kong, L. Y., Zhang, B., Zhang, J. X., Kang, C. P. (2012). P200 can be modulated by orthography alone in reading Chinese words. Neuroscience letters, 529, 161~165.]

第七章

总 论

单词理解过程中语音的作用在拼音和非拼音文字中都有了大量研究，但是到目前为止仍然没有一致结论。汉语常被看作表意或者素音节文字，汉字词的语义激活中语音常被认为是无足轻重的（例如，Baron & Strawson, 1976; Hoosain & Osgood, 1983）。虽然最新的研究发现汉字语音能在语义通达中起一定的作用，但语音多大程度上起作用，其作用的方式仍然是一个没有解决的问题。汉字语义是并行激活的还是通过两条通路的交互作用激活的这一问题还在争议之中。此外，与视觉汉字语音加工脑神经机制相关的研究也不多。我们开展的一系列研究的目的就是为了检验汉字语义通达中语音的作用，以及如果语音能早期快速激活，那么它的激活的神经标识是什么这些问题。这些研究包括一系列行为与ERP研究。

在Stroop颜色命名实验中，我们发现高低频颜色字的同音字的颜色命名反应出现了不同的范式。低频颜色字的同音字上没有发现促进效应但出现了干扰效应。这一结果表明语音在语义激活中的作用并不是必需的。在使用语音中介的语义启动范式研究中，我们在三个命名实验中考查语音是否在汉字语义激活中起作用。在三个实验中，实验材料一样，但是启动字和目标字呈现的 SOA 设置不同。在命名任务中，一个目标字被三个启动字启动：语义相关启动字，语义启动字的同音和控制字。结果发现：①语义启动字总是促进目标字的命名，不管其字频高低；②高低频语义启动字的高频同音字在所有 SOA 条件下都没有产生启动效应；③高频语义启动字的低频同音字在 250 毫秒时产生促进作用。这些结果至少表明高频汉字的语义可以并行由两条通路激活，即使语音通路缺乏效率。在汉字同音字激活的研究中，我们也用三个命名实验检验汉字的语音是否可以激活它的所有同音字。在实验一和二中，高低频同音目标字都被同一个形异同音启动字启动。结果表明，不管字频如何，只有高频目标字而非低频目标字的命名得到显著促进。实验三进一步检验形似与形异的低频目标字能否被汉字语音激活。我们发现启动字只能促进低频形似同音目标字。这些结果表明不是所有的同音字都能被一个汉字的语音激活。低频形异同音字可能难以被激活。这些研究表明汉字的语义可以由视觉或语音通路激活，同时也表明语音通路可能效率低下，并受到字频等因素的影响。我们认为汉字字频可能影响高低频汉字的音义激活时序，而这又影响汉字语义激活中语音的作用。同时表明同音字的数量（高频同音字或者形似同音字）也会影响汉字语义通达中语音的作用。

在第一个 ERP 研究中（第四章），我们探索汉字识别中音义信息的激活时序问题，同时检验汉字字频对音义时序激活的影响。在语义判断实验中，要求被试判断一对字是不是语义相关；在语音判断任务中，要求被试判断一对字是不是语音相同。结果表明字频起着重要作用。对高频字，我们发现在语义判断中同音启动导致出现减弱的 N400 效应。在同音判断任务中，语义相关字对也产生减弱的 N400 效应。对于低频字，我们发现在语义判断任务中，同音启动产生了显著增强的 P200 和减弱的 N400 效应；在同音判断任务中，语义相关字对只产生了一个减弱的 N400 效应。这些结果表明高频汉字识别中语义的激活不晚于语音，但低频汉字识别中语音激活明显要早于语义激活。ERP 结果为我们的假设提供了证据，即字频影响汉字理解中语音的作用。第二个 ERP 研究进一步检验 P200 是否的确是汉字语音早期激活的 ERP 标识（第五章）。结果发现形异同音和同韵字对都比控制字对产生了更强的且相似的 P200 效应。而且两种条下的激活脑区也没有达到统计上的差异，即使同音条件比同韵条件显示出更多的左侧颞叶和额叶激活。两种条件的 ERP 效应都显示出以头皮顶中区为中心的激活分布。为了更全面了解 P200 与汉字形音包括亚词汇语音加工的关系，我们开展了第三个 ERP 研究。结果发现 P200 对汉字的字形相似性和亚词汇语音加工很敏感，但是对于整字和亚字水平的语音对应关系却不敏感，即对汉字的发音规则性不敏感。这些结果能使我们对 P200 与汉字形音的加工有一个深入全面的认识：P200 的效应在只有视觉相似时最小，在只有语音相似时（同音）最大，在形似音同时效应居中。

汉语单字词识别中关于语音认知加工的研究有助于我们进一步理解汉语文字系统的独特性，汉语词汇及词汇语音认知加工过程，以及汉语作为二语或外语教学中汉字语音对汉字教学与学习中的作用等问题。我们从以下几个方面做进一步的探讨。

一、汉语合成词语音认知加工问题

从汉语单字词上获得的这些结果有助于我们进一步理解汉语合成词语音认知加工问题。根据现代汉语频率词典（1986），双字词占全部

1,310,000个词的64%。但是，以往大部分的关于汉语阅读的研究都集中于单字词上面（例如，H. C. Chen, Darcais, & Cheung, 1995; Chua, 1999; Hoosain, 1991; Tan & Perfetti, 1997; Xu, Pollatsek, & Potter, 1999; Zhou & Marslen - Wilson, 1999; Zhou, Shu, Bi, & Shi, 1999），这显示有必要加强复合词方面的研究，探索复合词识别中语音的作用。我们的研究结果可为这方面的研究提供一个初步的基础。

复合词识别中语音作用问题也存在着很大分歧。先前的研究表明常用的汉语多字词可能已经在心理词典中形成了单独、完整的词条（例如，Liu, 1988）。如果确实如此，就说明汉语多字词有其心理表征并被看作是一个单一的心理词条。这一观点意味着多字词也是通过一个直接的字形信息识别的，语音只是单词识别的一个副产品，多字词的成分字在单词识别中不起作用。然而，也有很多证据表明汉语多字词是借助于词素水平的分析进行识别的（例如，Taft, et al., 1999; Zhang & Peng, 1992; Zhou et al., 1999）。这些发现大多来自汉语合成词的词汇表征和加工研究，它们发现汉语合成词的整词和成分字在心理词典中都有相应的表征（例如，Taft & Zhu, 1997; Zhang & Peng, 1992），不管这些不同的表征单元是按层级排列还是储存在同一水平上。

如果整词与成分词素都有单独表征，需要考查的问题就是汉语多字词中的成分字的语音信息是否在合成词的语义通达中起着重要作用，或者说它与单字词识别中语音所起的作用方式是否不同。关于这一问题目前只有少数研究涉及。首先，一些研究发现，多字词的整词识别早于其成分字（例如，Peng et al., 1999）。另一些研究者（例如，Zhou et al., 2000）发现整词水平的语义信息激活早于词水平的语音信息的激活。所有这些发现似乎说明语音信息可能在多字词的语义激活中不起作用。其次，有研究证明汉语多字词的成分字激活早于其整词（例如，Wong, 2000）。而且，眼动研究表明成分词素的语音激活不早于其语义信息（例如，Wong, 2000; Wong & Chen, 1999）。这些结果表明词素水平的语音信息在成分词素和整词的语义激活中不起作用。但是，也有研究反对这种观点。他们认为汉字语音不仅在汉字识别中激活很早，而且在语义通达中起着重要作用（例如，Perfetti & Zhang, 1995; Perfetti & Tan, 1999），对于合成词，他们认为其成分词素和整词的语义通达主要是通过成分词的语音为中介进行的。成分词素的语音激活首先完成，然后组合成双字词的成分词素的双音节语音表征。词水平和字水平的语音信息对成分词素的早期激活起着制约作用。但是这一观点的最大问题是这一观点的大多数支持证据几乎无法重复，这使他们的研究结果和可信性及其研究结论的可推广性都受到广泛质疑。

在我们的 ERP 研究中，我们发现高频词的语音激活不早于语义激活，但是在低频词中早于语义激活。即使这样，前两个行为研究的结果（见第三章）表明汉字语音在语义激活过程中仍然不起主导作用。结合以往的研究和我们的目前的研究，似乎说明高频合成词的成分字的语音激活不早于其语义激活，这意味着它在词素和整词的语义激活中不起作用。但是低频合成词的成分词素的语音激活可能早于语义。但是，较早激活的语音信息是否在合成词语义激活中能起重要作用还需要进一步检验。也许成分词素的语音只是在工作记忆中起着维持整词识别时被激活的信息的作用。

二、跨语言词汇阅读中语音的作用

我们的一系列研究结果也有助于进一步探索不同语言单词阅读中语

音的作用。不同的文字系统代表不同的口语。这些文字系统在正字法表征语音这一方面差异很大。在拼音文字,如英语中,基本书写单位是字母,其表征发音。英语词的语音可以通达形素—音素对应组合出来。这一对应规则下的前词汇语音使得语音快速激活成为可能,并有可能被快速有效地运用于英语词阅读中。这一可能性得到了很多实验支持(例如,Frost,1998)。但也要注意到,目前有一些研究发现语音的调节可能不是英语词汇阅读中一个基本的过程(例如,Dameman & Reingold,1993,2000;Dameman,Reingold & Davidson,1995)。而且,很多研究也表明语音在语义激活中的作用要受到词频和其他因素的影响,如双通道理论所论及的(例如,Coltheart,1978)。

另一方面,与拼音文字相比,书面汉语的基本书写单元为字,它对应一个意义单元。形素—音素的对应规则不存在。字的发音(一个合体字自身或者合体字中的声旁)不能通过拼写得出,必须通过单个语音识记才能进行。换言之,汉字的语音必须是"寻到的(addressed)"而不是"组合的(assembled)"。虽然一些形声字的发音可以通过其声旁类推出,但是大多数合体字中的声旁不能有效地推论整字的读音。即使一些形声字的整字读音和声旁读音一致,但如果不认识整字,由声旁推论出整字读音仍然是一个不确定过程,读者不敢完全确定整字是否真的就和声旁一样发这个音。另外,汉语中同音字众多,这也不利于汉字识别中使用语音信息。汉文字系统的特征表明汉字的语音可能不是快速且必须激活,也不一定起重要作用。虽然也有一些汉语研究发现汉英单词的语音加工存在着普遍共通性,如 UPP 观点(例如,Perfetti et al.,1992),但这一观点并没有得到大多数汉语研究,包括我们所做的一系列研究的支持。

在我们的研究中，我们发现语音中介的通路与视觉通路并存，但语音的作用却受到字频和汉文字系统特性如同音字众多的影响。看起来，虽然不同的文字系统代表语音的程度不同，但文字识别中语音的加工还是存在着一些共性，如受到字频的影响，虽然不同文字系统的特性也施加了语言特异性的影响（例如，Coltheart，1978）。总体来说，还需要开展更多跨语言的研究来进一步检验单词阅读中语音作用的普遍性观点或特异性观点。

三、汉语词汇研究在跨语言词汇研究及其理论发展中的作用

关于语音认知加工机制的 ERP 研究使我们更深入认识到汉语词汇研究在词汇识别研究中的重要作用及其对词汇识别理论进展的贡献。我们的研究通过分离汉字字对的形似与音同两个维度，从而把语音加工的 P200 与字形加工的 P200 变化区分开来，发现了两者在 P200 效应变化上的不同。而且，通过汉字字对形音相似性程度的操控（如，形似同音规则字、形似同音不规则字、形似音异字），我们能考查亚词汇语音、汉字读音规则性与 P200 的关系。这些结果全面揭示了汉字语音认知加工的脑机制。而这一点对拼音文字来说是很难做到。拼音文字如英语词汇的形音相似性很难完全区分开来，反过来导致难以清楚深入地考查其形音加工的脑机制问题。汉语的语言特性有助于汉语词汇的形音认知加工研究，由此得到的研究发现则丰富了词汇识别理论，有助于完善已有的词汇识别理论模型。

四、汉字语音认知加工研究与汉语词汇教学

正如绪论中所述，词汇识别和语音认知加工的研究具有重要作用，

它对语言教学和习得研究都具有重要价值。当前汉语词汇的大多数研究，包括我们的一系列研究，探讨的都是汉语作为第一语言教学的加工问题，汉语作为第二语言或外语的字词认知加工研究非常少。将汉语作为二语或外语学习的外国留学生，他们在学习记忆汉字时字音起不起作用？起什么样的作用？他们的母语背景会不会影响汉字识记时语音的作用？这些问题的答案对于教学实践具有重要的影响，都需要深入探讨。目前，有少数研究直接探讨这些问题。

Everson（1998）以汉语作为外语学习的初学者为研究对象，考查他们对汉语词的读音和意义识别之间的关系。实验被试是 Iowa 大学汉语系一年级的 20 名学生。这些学生都没有汉语或者汉字学习背景。要求他们对计算机屏幕上呈现的 46 个已学过的汉语词进行命名，命名任务完成之后写出每个汉语词的英语意思。结果发现，对词的正确读音与对词的意义识别之间的相关非常显著。Everson 据此推论，将汉语作为外语学习的初学者记忆汉字的策略在一定程度上依赖于对汉字的正确读音，他们记忆汉字不是只依靠视觉方式，即汉字的视觉字形，而是要考虑汉字的发音。他认为初学者利用语音学习汉字的策略，反映了汉语正字法和其他拼音文字语言的正字法一样，是以语音为主导的。这一研究的一个不足之处是他没有考虑学习者的母语背景对汉字知音知义关系的影响。而国外很多研究都表明母语的语言知识会迁移到第二语言中，对口语和书面语的加工产生影响。母语的正字法知识和加工机制也会影响到第二语言学习者的字词识别（例如，Koda，1988；1997）。江新（2003）在充分考虑这一因素的前提下，使用四组不同母语背景的被试，分别为日语、韩语、印尼语和英语，进一步探讨汉字知音和知义音的关系以及母语文字经验对汉语作为第二语言的加工的影响。结果发现对于汉语作为二语的初级学习者来说，母语背景对汉字拼音和意义成绩之间的关系有影响。日本和韩国学生知道汉字读音和知道汉字意义二者间没有密切关系，但印尼和美国学生知道汉字的读音和知道汉字的意义之间有密切关系。

除了母语背景这一因素外，研究者也考虑了汉语作为二语学习者的学习水平这一因素。高立群（2000）使用校对任务考查了不同汉语水平学习者在校对任务中对形似别字和音同别字的觉察情况。他们发现各个水平的二语读者对形似别字的校对成绩都要比音同别字的校对成绩差。这表明在汉语阅读过程中，无论是初级水平、中级水平还是高级水平的二语学习者，字音和字形信息在汉字识别中的相对不像汉语母语者那样存在着一个转换的过程，而是始终以字形的作用为主，以字音的作用为辅。简言之，二语学习者在汉语学习的各阶段他们的汉语阅读主要依赖形码而不是音码。但是这一研究的一个不足之处也是没有区分母语背景这一因素。江新（2004）做了进一步研究。她使用中级汉语水平的日韩学生作为被试，采用句子可接受性判断实验任务，让被试判断句子是否正确，正确按"对"键，错误即按"错"键。在句子中，关键字以形似字或同音字进行替换，如下例，"她很喜欢听音乐；她很喜欢听音车；她很喜欢听音月；她很喜欢听音山。"实验结果显示，被试在形似句子上的判断反应时最长，与控制组相比差异达到显著，错误率最高。表明中级水平的日韩学习在阅读汉语时对形似字不易觉察。这一结果支持高立群（2000）等人的研究结果。江新（2005）又以中级汉语水平的欧美学习者为被试，采用句子校对任务，如对句子"星期天我去商店买乐西"进行校正，让被试阅读并画出错别字。告诉被试有的句子有错别字有的没有。为了保证被试理解句子，每个句子后面都是有一个探测句子，如"晚上我跟朋友一起去看店影。"探测句是"晚上我看书"。让被试判断该句语义是否与前句一样。结果显示，两种句子情况下被试觉察两类别字的平均错误率没有显著差异。这说明二语学习者在阅读汉语时，语音作用和字形作用两者之间没有差异。结合初中级及不同母语背景的研究发现来看，可以看出语言背景和语言熟练度都会影响汉语阅读过程中语音的作用模式。这些研究为汉语作为二语习得中的词汇教学和学习提供了初步借鉴。但总体上来说研究数量还太少，而且这些研究只是对阅读的一个间接测量非直接测量（如使用眼动等神经生理学方法进行研究），这些结论是否经得起检验还有待进一步的研究。

总之，通过一系列的研究我们发现汉字词的语音信息在语义通达过程中并不起重要作用，也发现事件相关电位 P200 成分是汉字识别早期语音加工的有效标识。这些研究促进了我们对汉语及跨语言词汇识别的深入理解，也有助于我们对汉语作为二语或外语汉字词习得中形音信息的作用进行深入探索。

本书的不足之处

本书还有一些不足之处，需要在后续研究中予以重视。

第一，在我们的一些研究中，没有对字类进行严格区分。比如，我们在第四章的研究中没有区分规则不规则，独体与合体字。而有研究曾发现，字的规则性和字的类型可能会影响汉字语音加工。这一点在今后的研究中需要予以考虑。

第二，在我们的行为研究中，我们只使用了命名任务。命名任务一定会涉及单词语音加工，这有可能会导致偏向和强化汉字语音信息的使用。所以可能会使人认为同音字的语音信息主要是因为命名任务而不是语音信息本身在起作用。但我们也发现即使命名任务中，语义启动字的同音字也没有产生相应的促进作用，不能激活所有的同音字，这一点只用命名任务这一因素也难以解释。今后的研究可以考虑使用更多的非命名任务来完成。

第三，研究方法和内容上的不足。由于研究条件和技术手段的限制，我们的研究中只使用了行为和ERP方法来进行。实际上这两种方法的研究结合眼动或fMRI进行将能更好地全面揭示汉字词语音加工及其神经机制（例如，Sereno, Rayner, &posner, 1998）。本书由于研究条件和时间的限制，没能进行多技术手段和实验范式的联合探索。

参考文献

一、中文参考文献

[1] Adams, M. J. (1990). Beginning to read: Thinking and learning about print. Cambridge, MA: MIT press.

[2] Balota, D. A., & Chumbley, J. I. (1990). Are lexical decision a good measure of lexical access? The role of frequency in the neglected decision stage. *Journal of Experimental Psychology: Human Perception and Performance*, 10, 340~357.

[3] Balota, D. A., & Chumbley, J. I. (1990). Where are the effects of word-frequency effects in visual word-recognition tasks? Right where we said they were: Comment on Monsell, Doyle, and Haggard (1989). *Journal of Experimental psychology: General*, 119, 231~237.

[4] Baluch, B., & Besner, D. (1991). Strategic use of lexical and nonlexical routines in visual word recognition: Evidence from oral reading in persian. *Journal of Experimental psychology: General*, 128, 32~55.

[5] Barnea, A., & Breznita, Z. (1998). Phonological and orthographic processing of Hebrew words: electrophysiological aspects. *Journal of Genetic psychology*, 159, 492~504.

[6] Baron, J. (1973). Phonemic stage not necessary for reading. *Quarterly Journal of Experimental psychology*, 25, 241~246.

[7] Baron, J., & Strawson, C. (1976). Use of orthographic and word - specific knowledge in reading words aloud. *Journal of Experimental psychology: Human perception &performance*, 4, 207~214.

[8] Becker, C. A. (1976). Allocation of attention during visual word recognition. *Journal of Experimental psychology: Human perception and performance*, 2, 556~566.

[9] Becker, C. A. (1980). Semantic context effects in visual word recognition: An analysis of semantic strategies. *Memory & Cognition*, 8, 493~512.

[10] Beijing Commercial press. (1992). Xiandai Hanyu Cidian (Modern Chinese dictionary). Beijing, China: The Commercia lpress.

[11] Bentin, S., Kutas, M., & Hillyard, S. A. (1993). Electrophysiological evidence for task effects on semantic priming in auditory word processing. *Psychophysiology*, 30, 161~169.

[12] Bentin, S., Mouchetant - Rostsing, Y., Giard, M. H., Echallier, J. F., & Pernier, J. (1999). ERP manifestations of processing the printed words at different psycholinguistic levels: time course and scalp distribution. *Journal of Cognitive Neuroscience*, 11, 235~260.

[13] Bradley, L., & Bryant, p. (1983). Categorizing sounds and learning to read — A causal connection. *Nature*, 301, 419~421.

[14] Besner, D. (1987). Phonology, lexical access in reading, and articulatory suppression: A critical review. *Quarterly Journal of Experimental psychology*, 39A, 467~478.

[15] Besner, D., & Smith, M. C. (1992). Basic processes in reading: Is the orthographic depth hypothesis sinking? In R. Frost & L. Katz (Eds.), *Orthography, phonology, mophology, and meaning* (pp. 45~66). Amsterdam: Elsevier.

[16] Besner, D., & Stolz, J. A. (1998). Unintentional reading: can phonological computation be controlled? *Canadian Journal of Experimental Psychology*, 52, 35~42.

[17] Bi, Y., Han, Z., & Zhang, Y. (2009) Reading does not depend on writing, even in Chinese. *Neuropsychologia*, 47, 1193~1199.

[18] Biederman, I., & Tsao, YC (1979). On processing Chinese ideographs and English words: Some implications from Stroop-test results. *Cognitive Psychology*, 11, 125~132.

[19] Bloomfield, L. (1942). Linguistics and reading. *Elementary English Review*, 19, 125~130.

[20] Bookheimer, S., Zeffiro, T., Blaxton, T. A., Gaillard, W., Theodore, W., (1995) Regional cerebral blood flow during object naming and word reading, *Human Brain Mappin*, 3, 93~106.

[21] Braun M., Hutzler F., Ziegler J. C., Dambacher M., Jacobs A. M. (2009). Pseudohomophone effects provide evidence of early lexico-phonological processing in visual word recognition. *Humam Brain Mapping*. 30, 1977~1989.

[22] Brown, G. D. A. (1987). Resolving inconsistency: A computational model of word naming. *Journal of Memory and Language*, 26, 1~23.

[23] Carr, T. H., & Pollatsek, A. (1985). Recognizing printed words: A look at current models. In T. G. W. D. Besner, & E. MacKinnon (Ed.), *Reading research: Advances in theory and practice* (Vol. 5, pp. 295~308): New York: Academic press.

[24] Chen, B., & Peng, D. (2001). The time course of graphic, phonological and semantic information processing in Chinese character recognition (1). *Acta psychologica Sinica*, 33 (1), 1~6.

[25] Chen, B., Wang, L., & Peng, D. (2003). The time course of graphic, phonological and semantic information processing in Chinese character recognition (2). *Acta psychologica Sinica*, 33 (1), 576~581.

[26] Chen, B., Liu, W., Wang, L., Peng, D., Perfetti, C. A., 2007. The timing of graphic, phonological and semantic activation of high and low frequency Chinese characters: an ERP study. Progress in Natural Science 17 (Special Issue), 62~70.

[27] Chen, H. C., Darcais, G. B. F., & Cheung, S. L. (1995). Orthographic and phonological Activation in Recognizing Chinese Characters. *Psychological Research*, 58 (2), 144~153.

[28] Chen, H. C., & Shu, H. (2001). Lexical activation during the recognition of Chinese characters: Evidence against early phonological activation. *Psychonomic Bulletin & Review*, 8 (3), 511~518.

[29] Cho, J. R., & Chen, H. C. (1999). Orthographic and phonological activation in the semantic processing of the Korean Hanza and Han-

gul. *Language & Cognitive processes*, 14, 481~502.

[30] Chua, F. K. (1999). Phonological recoding in Chinese logograph recognition. *Journal of Experimental psychology: Learning, Memory, and Cognition*, 25, 876~891.

[31] Connolly J. F., Stewart S. H., Phillips N. A. (1990). The effects of processing requirements on neurophysiologic responses to spoken sentences. *Brain and Language*, 1990, 39: 302~318.

[32] Connolly J. F., Stewart S. H., Phillips N. A., Brake W. G. (1992). Event-related potential sensitivity to acoustic and semantic properties of terminal words in sentences. *Brain and Language*, 1992, 43, 1~18.

[33] Connolly J. F., Phillips N. A. (1994). Event-related potential components reflect phonological and semantic processing of the terminal word of spoken sentences. *Journal of Cognitive Neuroscience*, 1994, 6, 256~266.

[34] Coltheart, M. (1978). Lexical access in simple reading tasks. In G. Underwood (Ed.), Strategies of information processing (pp. 151~216). London: Academic press.

[35] Coltheart, M. (1980). *Deep dyslexia*. London: Routledge & Keganpaul.

[36] Coltheart, M. (1985). Cognitive neuropsychology and the study of reading. In M. I. Posner & O. S. M. Marin (Eds.), *Attention and performance XI* (pp. 3~37). Hillsdale: NJ: Erlbaum.

[37] Coltheart, M. (2000). Dual routes from print to speech and dual routes from print to meaning: Some theoretical issues. In A. Kennedy,

R. Radach, J. Pynte & D. Heller (Eds.), *Reading as a perceptual process* (pp. 475~490). Oxford: Elsevier.

[38] Coltheart, M. (2004). Are there lexicons? *Quarterly Journal of Experimental psychology: Human Experimental psychology*, 57A (7), 1153~1171.

[39] Coltheart, M., & Coltheart, V. (1997). Reading comprehension in not exclusively reliant upon phonological representation. *Cognitive Neuropsychology*, 14 (1), 167~175.

[40] Coltheart, M., Curtis, B., Atkins, p., & Haller, M. (1993). Models of reading aloud: Dual-route and parallel-distributed-processing approaches. *Psychological Review*, 100 (4), 589~608.

[41] Coltheart, M., & Rastle, K. (1994). Serial processing in reading aloud: Evidence for dual-route models of reading. *Journal of Experimental psychology: Human perception &performance*, 20 (6), 1197~1211.

[42] Coltheart, M., Rastle, K., Perry, C., Langdon, R., & Ziegler, J. (2001). DRC: A dual route cascaded model of visual word recognition and reading aloud. *Psychological Review*, 108 (1), 204~256.

[43] Coltheart, V., Avons, S. E., Masterson, J., & Laxon, V. J. (1991). The Role of Assembled phonology in Reading-Comprehension. *Memory & Cognition*, 19 (4), 387~400.

[44] Coltheart, V., Patterson, K., & Leahy, J. (1994). When a Rows Is a Rose - phonological Effects in Written Word Comprehension. *Quarterly Journal of Experimental psychology Section a - Human Experimental psychology*, 47 (4), 917~955.

[45] Dameman, M., & Reingold, E. M. (1993). What eye fixations tell us about phonological recoding during reading. *Canadian Journal of Experimental psychology*, 47, 453~478.

[46] Daneman, M., & Reingold, E. M. (2000). Do readers use phonological codes to activate word meanings? In A. Kenndy, R. Radach, D. Heller & J. Pynte (Eds.), *Reading as a perceptual process*. New York: Elsevier Science Ltd.

[47] Dameman, M., Reingold, E. M. & Davidson, M. (1995). Time course of phonological activation during reading: Evidence from eye fixations. *Journal of Experimental psychology*. 21, 884~898.

[48] DeFrancis, J. (1989). Visual speech: The diverse oneness of writing systems. Honolulu: University of Hawaii.

[49] De Houwer, J., 2003. On the role of stimulus – stimulus and stimulus – response compatibility in the Stroop effect. Memory and Cognition, 31, 353~359.

[50] Dennis, I., & Newstead, S. (1981). Is phonological recoding automatic? Memory and Cognition, 9, 472~477.

[51] Derouesne, J., & Beauvois, M. F. (1979). Phonological processing in reading: Data from alexia. *Journal of Neurology, Neruosurgery and psychiatry*, 42, 1125~1132.

[52] Ding, G., Peng, D. L., & Taft, M. (2004). The nature of the mental representation of radicals in Chinese: A priming study. *Journal of Experimental psychology: Learning, Memory, and Cognition*, 30, 530~539.

[53] Doctor, E. A., & Coltheart, M. (1980). Children's use of

phonological encoding when reading for meaning. *Memory & Cognition*, 8, 195~209.

［54］ Everson, M. E. (1998) Word recognition among learners of Chinese reading as a foreign language: Investigating the relationship between naming and knowing. *Journal of the Chinese language teachers association*, 32, 1~20.

［55］ Fan, K. Y., Gao, J. Y., & Ao, X. p. (1984). Hanzi hepinyin wenzi de duyin guize (Pronunciation principles of Chinese characters and alphabetic writing scripts). Han zi gai ge "Chinese Character Reform" .3, 23~27.

［56］ Fang, S. P., Tzeng, O. J. L., &Alva, L. (1981). Intralanguage vs. interlanguage Stroop effects in two types of writing systems. *Memory & Cognitio*, 9, 609~617.

［57］ Fay, D., & Cutler, A. (1977). Malapropisms and the structure of the mental lexicon. *Linguistic Inquiry*, 8, 505~520.

［58］ Feldman, L. B., & Turvey, M. T. (1980). Words written in Kana are named faster than the same words written in Kanji. *Journal of Experimental psychology: Human perception &performanc*, 9, 228~298.

［59］ Fiez, A., Balota, D., Raichle, R., Petersen, S. (1999) . Effects of lexicality, frequency, and spelling – to – sound consistency on the functional anatomy of reading, *Neuron*, 24, 205~218.

［60］ Fleming, K. K. (1993). Phonologically mediated priming in spoken and printed word recognition. *Journal of Experimental psychology: Learning, Memory, & Cognition*, 19 (2), 272~284.

[61] Folk, J. R. (1999). Phonological codes are used to access the lexicon during silent reading. *Journal of Experimental Psychology: Learning, Memory, and Cognition*, 25, 892~906.

[62] Forster, K. I. (1976). Accessing the mental lexicon. In R. J. Wales & E. C. T. Walker (Eds.), *New approaches to language mechanism* (pp. 257~287). Amsterdam: North-Holland.

[63] Forster, K. I., & Chambers, S. (1973). Lexical access and naming time. *Journal of Verbal Learning and Verbal Behaviour*, 12, 627~635.

[64] Frost, R. (1991). Phonetic recoding of print and its effect on the detection of concurrent speech in amplitude-modulated noise. *Cognition*, 39 (3), 195~214.

[65] Frost, R. (1998). Toward a strong phonological theory of visual word recognition: True issues and false trails. *Psychological Bulletin*, 123 (1), 71~99.

[66] Frost, R., Katz, L., & Bentin, S. (1987). Strategies for visual word recognition and orthographical depth: A multilingual comparison. *Journal of Experimental psychology: Human perception & performance*, 13 (1), 104~115.

[67] Funnell, E. (1983). Phonological process in reading: New evidence from acquired dyslexia. *British Journal of psychology*, 74, 158~180.

[68] Gazzaniga, M. S., Ivry, R. B., & Mangun, G. R. (2002). *Cognitive Neuroscience*. New York, London: W. W. Norton & Company.

[69] Glushko, R. J. (1979). The organization and activation of or-

thographic knowledge in reading aloud. *Journal of Experimental psychology*: *Human perception & performance*, 674~691.

[70] Guo, T., Peng, D., & Liu, Y. (2005). The role of phonological activation in the visual semantic retrieval of Chinese characters. *Cognition*, 98 (2), B21~B34.

[71] Han, Z. Z., & Bi, Y. C. (2009) Reading comprehension without phonological mediation: further evidence from a Chinese aphasic individual. *Science in China Series C _ Life Sciences*, 52, 492~499.

[72] Hanley, R. J., & McDonnell, V. (1997). Are Reading and Spelling phonologically Mediated? Evidence from a patient with a Speech production Impairment. *Cognitive neuropsychology*, 14 (1), 3~33.

[73] Harm, M. W., & Seidenberg, M. S. (2004). Computing the meanings of words in reading: Cooperative division of labor between visual and phonological processes. *Psychological Review*, 111 (3), 662~720.

[74] Hoosain, R. (1991). Psycholinguistic implications for linguistic relativity: A case study of Chinese. Hillsdale, NJ: Erlbaum.

[75] Hoosain, R., & Osgood, C. E. (1983). Information processing times for English and Chinese words. *Perception &psychophysics*, 34, 573~577.

[76] Huang, J. T. (1986). Visual integration process in recognizing fragmented Chinese characters. In H. S. R. Kao & R. Hoosain (Eds.), Linguistics, psychology, and the Chinese language (pp. 454). Hong Kong: Centre of Asian Studies.

[77] Huang, J. T., & Wang, M. Y. (1992). From unit to Gestalt: perceptual dynamics in recognizing Chinese characters. In H. - C. Chen

&O. J. L. Tzeng (Eds.), *Language processing in Chinese* (pp. 35). Amsterdam: Elsevier.

[78] Hue, C. W. (1992). Recognition processes in Character Naming. In : Chen H C , Tzeng O J L Eds. Language processing in Chinese. Amsterdam: North Holland. , 93~107.

[79] Hsu, C. H. Tsai, J. L. Lee, C. Y. Tzeng, O. J. L. (2009). Orthographic combinability and phonological consistency effects in reading Chinese phonograms: an event-related potential study, *Brain Language*, 108, 56~66.

[80] Huey, E. B. (1908, 1968). *The psychology and pedagogy of Reading*. Cambridge: Mass. : MIT.

[81] Humphreys, G. W., & Evett, L. J. (1985). Are there independent lexical and nonlexical routes in word processing? An evaluation of the dual-route theory of reading. *Behavioral and Brain Sciences*, 8, 689~639.

[82] Jackson, N. E., & Coltheart, M. (2001). *Routes to reading success and failure : toward an integrated cognitive psychology of atypical reading*. Philadelphia, pa. : Psychology press.

[83] Jared, D., Levy, B. A., & Rayner, K. (1999). The role of phonology in the activation of word meanings during reading: Evidence from proofreading and eye movements. *Journal of Experimental psychology - General*, 128 (3), 219~264.

[84] Jared, D., & Seidenberg, M. S. (1991). Does Word Identification proceed from Spelling to Sound to Meaning. *Journal of Experimental psychology - General*, 120 (4), 358~394.

[85] Johnson, N. F. (1975). On the function of letters in word identification: Some data and a preliminary model. *Journal of Verbal Learning and Verbal Behavior*, 14, 17~29.

[86] Ju, D., & Jackson, N. E. (1995). Graphic and phonological processing in Chinese character identification. *Journal of Reading Behavior*, 27, 299~313.

[87] Kang, H., & Simpson, G. B. (2001). Local strategic control of information in visual word recognition. *Memory & Cognition*, 29, 648~655.

[88] Katz, L., & Feldman, L. B. (1983). Linguistic coding in word recognition. In A. M. L. C. A. Perfetti (Ed.), *Interactive processes in reading* (pp. 85~105). Hillsdale: NJ: Erlbaum.

[89] Katz, L., & Frost, R. (1992). The reading process is different for different orthographies: The orthographic depth hypothesis. In R. (. Frost, & L. (. Katz (Eds.), Orthography, phonology, morphology, and meaning. advances in psychology, vol. 94; orthography, phonology, morphology, and meaning. (pp. 67~84). Oxford, England: North – Holland.

[90] Kong, L. Y., Zhang, J. X., Kang, C. P., Du, Y., Zhang, B., & Wang, S. P. (2010). P200 and phonological processing in Chinese word recognition. Neuroscience letters, 473, 37~41.

[91] Koda, K. (1988). Cognitive process in second language reading: Transfer of L1 reading skills and strategies. Second language Research, 4, 133~156.

[92] Koda, K. (1997). Orthographic knowledge in L2 lexical pro-

cessing: A cross – linguistic perspective. In J. Coady & T. Huckin (Eds.), Second Language Vocabulary Acquisition: A Rational for Pedagogy. Cambridge University Press.

[93] Kramer, A. F., & Donchin, E. (1987). Brain potentials as indices of orthographic and phonological interaction during word matching. *Journal of Experimental psychology: learning, Memory, and Cognition*, 13 (76~86).

[94] Kuo, W. J., Yeh, T. C., Lee, C. Y., Wu, Y. T., Chou, C. C., Ho, L. T., Hung, D. L., Tzeng, O. J. l., Hsieh, J. C., (2003). Frequency effects of Chinese character processing in the brain: an event – related fMRI study. Neuroimage, 18, 720~730.

[95] Kutas, M., & Van petten, C. (1988). Event – related brain potential studies of language. *Advances in psychophysiology*, 3, 139~187.

[96] Laberge, D., & Samuels, J. (1974). Toward a theory of automatic information processing in reading. *Cognitive psychology*, 6, 293~323.

[97] Language and Teaching Institute of Beijing Linguistic College. (1986). Xiandai Hanyu pinlu Cidian (Modern Chinese frequency dictionary). Beijing, China: Beijing Language Institute press.

[98] Leck, K. J., Weekes, B. S., & Chen, M. J. (1995). Visual and phonological pathways to the lexicon: Evidence from Chinese readers. *Memory & Cognition*, 23, 468~476.

[99] Lee, C. Y. Tsai, J. L. Chan, W. H. Hsu, C. H. Hung, D. L. Tzeng, O. J. (2007). Temporal dynamics of the consistency effect in reading Chinese: an event – related potentials study, *Neuroreport*, 18, 147~151.

[100] Leong, C. K. (1973). Reading in Chinese with reference to reading practices in Hong Kong. In J. Downing (Ed.), Comparative reading: Cross – national studies of behavior and processes in reading and writing (pp. 383 ~ 402). New York: Macmillan.

[101] Leong, C. K. (1997). paradigmatic analysis of Chinese word reading: Research findings and classroom practices. In C. K. Leong & R. M. Joshi (Eds.), Cross – language studies of learning to reading and spell: Phonological and orthographic processing (pp. 379417). Dordrecht/ Norwell, MA: Kluwer Academic.

[102] Leong, C. K., Cheng, p. – W., & Mulcahy, R. (1987). Automatic processing of morphemic orthography by mature readers. *Language and Speech*, 30 (2), 181 ~ 196.

[103] Lesch, M. F., & Pollatsek, A. (1993). Automatic access of semantic information by phonological codes in visual word recognition. *Journal of Experimental psychology: Learning, Memory, & Cognition*, 19 (2), 285 ~ 294.

[104] Liberman, I. Y., & Shankweiler, D. (1985). Phonology and the problems of learning to read and write. *Remedial and Special Education*, 6 (6), 8 ~ 17.

[105] Liu, I. M. (1988). Context effects on word/character naming: Alphabetic versus logographic languages. In I. M. Liu, H. – C. Chen, & M. J. Chen (Eds.), *Cognitive aspects of the Chinese language* (pp. 81 ~ 92). Hong Kong, China: Asian Research Service.

[106] Liu, Y., perfetti, C. A., & Hart, L. (2003). ERP Evi-

dence for the Time Course of Graphic, phonological, and Semantic Information in Chinese Meaning and pronunciation Decisions. *Journal of Experimental psychology*: *Learning*, *Memory*, & *Cognition*, 29 (6), 1231~1247.

[107] Logan, G. D., & Zbrodoff, N. J. (1998). Stroop – type interference: Congruity effects in color naming with typewritten responses. *Journal of Experimental Psychology*: *Learning*, *Memory*, *and Cognition*, 24, 978~992.

[108] Lukatela, G., & Turvey, M. T. (1980). Some experiments on the Roman and Cyrillic alphabets of Serbo – Croatian. In J. F. K. R. L. Venezsky (Ed.), *Orthography*, *reading*, *and dyslexia* (pp. 227~247). Baltimore: MD, University park press.

[109] Lukatela, G., & Turvey, M. T. (1990a). Automatic and pre – lexical computation of phonology in visual word identification. *European Journal of Cognitive psychology*, 2 (4), 325~343.

[110] Lukatela, G., & Turvey, M. T. (1990b). phonemic similarity effects and prelexical phonology. *Memory & Cognition*, 18 (2), 128~152.

[111] Lukatela, G., & Turvey, M. T. (1994a). Visual lexical access is initiallyphonological: 1. Evidence from associative priming by words, homophones, and pseudo – homophones. *Journal of Experimental psychology*: *General*, 123 (2), 107~128.

[112] Lukatela, G., & Turvey, M. T. (1994b). Visual lexical access is initially phonological (1). Evidence from phonological priming by homophones and pseudo – homophones. *Journal of Experimental psychology*: *General*, 123 (4), 331~353.

[113] Lundberg, I. , Olofsson, A. , & Wall, S. (1980). Reading and spelling skills in the first school years predicted from phonemic awareness skills in kindergarten. Scandinavian Journal of psychology, 21, 159~173.

[114] Luo, C. R. (1996). How is word meaning accessed in reading? Evidence from the phonologically mediated interference effect. Journal of Experimental Psychology: Learning Memory and Cognition, 22, 883~895.

[115] MacLeod, C. M. (1991). 'Half a century of research on the Stroop effect: An integrative review.' *Psychological Bulletin*, 109, 163~203.

[116] Marshall, J. C. , & Newcombe, F. (1973). Patterns of paralexia: A psycholignuistic approach. *Journal of psycholinguistic Research*, 2, 175~199.

[117] Mattingly, I. G. (1992). Linguistic awareness and orthographic form. In R. Frost & L. Katz (Eds.), Orthography, phonology, morphology, and meaning (pp. 11~6). Amsterdam: Elsevier.

[118] McClelland, J. L. , & Rumelhart, D. E. (1981). An interactive activation model of context effects in letter perception. Part 1: An account of basic findings. *Psychological Review*, 88, 375~407.

[119] McCusker, L. X. , Hillinger, M. L. , & Bias, R. C. (1981). Phonological recoding and reading. *Psychological Bulletin*, 88, 217~245.

[120] Meyer, D. E. , Schvaneveldt, R. W. , & Ruddy, M. G. (1974). Functions of graphemic and phonemic codes in visual word recognition. *Memory and Cognition*, 2, 309~321.

[121] Monsell, S. , patterson, K. , Graham, A. , Hughes, C. H. , & Milroy, R. (1992). Lexical and sublexical translations of spelling to

sound: Strategic anticipation of Lexical status. *Journal of Experimental psychology: Learning, Memory and Cognition*, 18, 452~467.

[122] Neely, J. H. (1977). Semantic priming and retrieval from lexical memory: Roles of inhibitionless spreading activation and limited capacity attention. *Journal of Experimental psychology: General*, 106, 226~254.

[123] Niznikiewicz, M., & Squires, N. K. (1996). Phonological processing and the role of strategy in silent reading: Behavioral and electrophysiological evidence. *Brain and Language*, 52, 342~364.

[124] Norris, D., & Brown, G. (1985). Race models and analogy theories: A dead heart? Reply to seidenberg. *Cognition*, 20, 155~168.

[125] Newman, R. L., Connolly, J. F., 2004. Determining the role of phonology in silent reading using event - related brain potentials. Cognitive Brain Research 21, 94~105.

[126] Paap, K. R., McDonald, J. E., Schvaneveldt, R. W., & Noel, R. W. (1987). Frequency and pronounceability in visually presented naming and lexical decision tasks. In M. Coltheart (Ed.), *Attention and performance XII: The psychology of reading* (pp. 221~243). Hillsdale: NJ: Erlbaum.

[127] Paap, K. R., Newsome, S. L., McDonald, J. E., & Schvaneveldt, R. W. (1982). An activation - verification model for letter and word recognition: The word - superiority effect. *Psychological Review*, 89 (573~594).

[128] Parkin, A. J. (1982). phonological recoding in lexical decision: Effects of spelling - to - sound regularity depend on how regularity is de-

fined. *Memory & Cognition*, 10, 43~53.

[129] Patterson, K. E. (1982). The relation between reading and phonological coding: Further neuropsychological observations. In A. W. Ellis (Ed.), *Normality and pathology in cognitive functioning* (pp. 77~111). London: Academic press.

[130] Patterson, K. E., & Morton, J. (1985). From orthography to phonology: An attempt at an old interpretation. In K. E. Patterson, J. C. Marshall & M. Coltheart (Eds.), *Surface dyslexia: Neuropsychological and cognitive studies of phonological reading* (pp. 35~359). Hillsdale: NJ: Erlbaum.

[131] Peng, D., Yang, H., & Chen, Y. (1994). Consistency and phonetic – independence effects in naming tasks of Chinese phonograms. In Q. Jing, H. Zhang & D. Peng (Eds.), *Information processing of the Chinese language* (pp. 26~41). Beijing: Beijing Normal University press.

[132] Peng, D., Li, W., Li, R., & Liu, Y., (1999). Information processing of Chinese compound words. *Psychologica*, 1999, 42, 252~266.

[133] Perfetti, C. A. & Bell, L. (1991). Phonemic activation during the first 40 ms of word identification: Evidence from backward masking and masked priming, *Journal of Memory and Language*, 30: 473~485.

[134] Perfetti, C. A., Bell, L., & Delaney, S. (1988). Automatic phonetic activation in silent word reading: Evidence from backward masking. *Journal of Memory and Language*, 27, 59~70.

[135] Perfetti, C. A., Liu, Y., & Tan, L. H. (2005). The lexi-

cal constituency model: some implications of research on Chinese for general theories of reading. *Psychological Review*, 112 (1), 43~59.

[136] Perfetti, C. A., & Tan, L. H. (1998). The time course of graphic, phonological, and semantic activation in Chinese character identification. *Journal of Experimental psychology – Learning Memory and Cognition*, 24 (1), 101~118.

[137] Perfetti, C. A., & Zhang, S. L. (1991). phonological processes in Reading Chinese Characters. *Journal of Experimental psychology – Learning Memory and Cognition*, 17 (4), 633~643.

[138] Perfetti, C. A., & Zhang, S. L. (1995a). The universal word identification reflex. In D. L. Medin (Ed.), *The psychology of learning and motivation* (Vol. 33, pp. 159~189). San Diego: Academic press.

[139] Perfetti, C. A., & Zhang, S. L. (1995b). Very Early phonological Activation in Chinese Reading. *Journal of Experimental psychology – Learning Memory and Cognition*, 21 (1), 24~33.

[140] Perfetti, C. A., Zhang, S. L., & Berent, I. (1992). Reading in English and Chinese: Evidence for a "universal" phonological principle. In R. Frost & L. Katz (Eds.), *Orthography, phonology, morphology, and meaning* (pp. 227~248). Amsterdam: North – Holland.

[141] Petersen, S. E., Fox, P. T., Posner, M. I., Mintun, M., Raichle, M. E., (1988). Positron emission tomographic studies of cortical anatomy of single – word processing, *Nature*, 331, 585~589.

[142] Poldrack, R. A., Wagner, A. D., Prull, M. W., Desmond, J. E., Glover, G. H., Gabrieli, J. (1999). Functional specialization for

semantic and phonological processing in the leftinferior prefrontal cortex, *NeuroImage*, 10, 15~35.

[143] Pexman, Penny M.; Lupker, Stephen J.; Jared, Debra. (2001). Homophone effects in lexical decision. *Journal of Experimental Psychology: Learning, Memory, and Cognition*, 27 (1), 139~156.

[144] Rastle, K. & Brysbaert, M. (2006). Masked phonological priming effects in English: Are they real? Do they matter? *Cognitive Psychology*, 53, 97~145.

[145] Rayner, K., Foorman, B. R., Perfetti, C. A., pesetsky, D., & Seidenberg, M. S. (2001). How *psychological science* informs the teaching of reading. Psychological Science, 31~74.

[146] Rayner, K., & Pollatsek, A. (1989). The psychology of reading. Englewood Cliffs, NJ: Prentice-Hall.

[147] Rayner, K., pollatsek, A., & Binder, K. S. (1998). Phonological codes and eye movements in reading. *Journal of Experimental psychology - Learning Memory and Cognition*, 24 (2), 476~497.

[148] Rubenstein, H., Garfield, L., & Millikan, J. A. (1970). Homographic entries in the internal lexicon. *Journal of Verbal Learning and Verbal Behavior*, 9, 487~494.

[149] Rubenstein, H., Lewis, S. S., & Rubenstein, M. A. (1971). Evidence for phonemic recoding in visual word recognition. *Journal of Verbal Learning and Verbal Behaviour*, 10, 645~657.

[150] Rugg, M. D. (1984). Event-related potentials in phonological matching tasks. *Brain and Language*, 23, 225~240.

[151] Rugg, M. D. (1990). Event-related potentials dissociate repetition effects of high- and low-frequency words. *Memory and Cognition*, 18, 367~379.

[152] Rumelhart, D. E., & Siple, p. (1974). process of recognizing tachistoscopically presented words. *Psychological Review*, 81, 99~118.

[153] Scarborough, D. L., Cortese, C., & Scarborough, H. L. (1977). Frequency and repetition effects in lexical memory. *Journal of Experimental psychology: Human perception &performance*, 3, 1~17.

[154] Sebastian-Galles, N. (1991). Reading by analogy in a shallow orthography. *Journal of Experimental psychology: Human perception &performance*, 17, 471~477.

[155] Seidenberg, M. S. (1985). The Time Course of phonological Code Activation in 2 Writing Systems. *Cognition*, 19 (1), 1~30.

[156] Seidenberg, M. S. (1995). Visual word recognition: An overview. In P. Eimas & J. L. Miller (Eds.), *Handbook of perception and cognition: language* (pp. 137~179). New York: Academic press.

[157] Seidenberg, M. S., & McClelland, J. L. (1989). A distributed developmental model of word recognition and naming. *Psychological Review*, 96, 523~568.

[158] Seidenberg, M. S., & Vidanovic, S. (1985). *Word recognition in Serbo-Croatian and English: Do they differ?* Paper presented at the The Twenty-fifth Annual Meeting of the psychonomic Society.

[159] Sereno S. C., Rayner, K, Posner, M. I. (1998), Establishing a time-line of word recognition: Evidence from eye movements and event-

related potentials. *Neuroreport*, 9: 2195~2200.

[160] Shallice, T., Warrington, E. K., & McCarthy, R. (1983). Reading without semantics. *Quarterly Journal of Experimental psychology*, 35*A*, 111~138.

[161] Shelton, J. R., & Weinrich, M. (1997). Further Evidence of a Dissociation between Output phonological and Orthographic Lexicons: A Case Study. *Cognitive neuropsychology*, 14 (1), 105~130.

[162] Shen, D., & Forster, K. I. (1999). Masked phonological priming in reading Chinese words depends on the task. *Language and Cognitive processes*, 14 (5~6), 429~459.

[163] Shi, Y. W. (1986). *Hanzi de tedian (The characteristics of Chinese characters)*. Paper presented at the The Symposium on Chinese Character Modernization.

[164] Simpson, G. B., & Kang, H. (1994). The flexible use of phonological information in word recognition in Korean. *Journal of Memory & Language*, 33, 319~331.

[165] Smith, F. (1973). Psycholinguistics and reading. New York: Holt, Rinehart & Winston.

[166] Smith, F. (1983). *Essays into literacy.* Exeter: NH: Heinemann Educational Books.

[167] Snowling, M. J. (1991). Developmental reading disorders. *Journal of Child psychology and psychiatry*, 32, 49~77.

[168] Spinks, J. A., Liu, Y., Perfetti, C. A., & Tan, L. H. (2000). Reading Chinese characters for meaning: the role of phonological

information. *Cognition*, 76 (1), B1 – B11.

[169] Stanovich, K. E., & Siegel, L. (1994). Phenotypic performance profile of children with reading disabilities: A regression – based test of the phonological – core variable – difference model. *Journal of Educational psychology*, 86, 24 ~ 53.

[170] Stroop, J. R. (1935). Studies of interference in serial verbal reactions. *Journal of Experimental Psychology*, 18, 643 ~ 662.

[171] Tabossi, p., & Laghi, L. (1992). Semantic priming in the pronunciation of words in two writing systems: Italian and English. *Memory & Cognition*, 20, 303 ~ 313.

[172] Taft, M., Liu, Y., & Zhu, X. (1999). Morphemeprocessing in reading Chinese. In J. Wang, A. W. Inhoff, & H. – C. Chen (Eds.), *Reading Chinese Script: A cognitive analysis* (pp. 91 ~ 114). New Jersey: Lawrence Erlbaum.

[173] Taft, M., & Tamaoka, K. (1994). Is the smallest unit in phonological processing equivalent to the smallest unit in orthographic processing? Lexical judgments of Kata Kana nonwords. *Japanese journal of psychology*, 65, 377 ~ 382.

[174] Taft, M., & van Graan, F. (1998). Lack of phonological Mediation in a Semantic Categorization Task. *Journal of Memory and Language*, 38 (2), 203 ~ 224.

[175] Taft, M., & Zhu, X. (1997). Submorphemic processing in reading Chinese. *Journal of Experimental psychology: Learning, Memory, and Cognition*, 23, 761 ~ 775.

[176] Tan, L. H., Hoosain, R., &peng, D. L. (1995). Role of Early presemantic phonological Code in Chinese Character Identification. *Journal of Experimental psychology - Learning Memory and Cognition*, 21 (1), 43~54.

[177] Tan, L. H., Hoosain, R., & Siok, W. W. T. (1996). Activation of phonological codes before access to character meaning in written Chinese. *Journal of Experimental psychology - Learning Memory and Cognition*, 22 (4), 865~882.

[178] Tan, L. H., &perfetti, C. A. (1997). Visual Chinese character recognition: Does phonological information mediate access to meaning? *Journal of Memory and Language*, 37 (1), 41~57.

[179] Tan, L. H., &perfetti, C. A. (1999). Phonological activation in visual identification of Chinese two - character words. *Journal of Experimental psychology: Learning, Memory, and Cognition.*

[180] Treiman, R. A., Baron, J., & Luk, K. (1981). Speech recoding in silent reading: A comparison of Chinese and English, Journal of Chinese Linguistics 9: 116~125.

[181] Treisman, A. (1960). Contextual cues in selective listening. *Quarterly Journal of Experimental psychology*, 12, 242~248.

[182] Tsao, YC, Wu, MF, 1981. Feustal T. Stroop interference: hemispheric difference in Chinese speakers. *Brain Language*. 13, 13, 372~378

[183] Tzeng, O. J. L., & Hung, D. L. (1978). Reading the Chinese character: Some basic research. *Acta psychologica Taiwanica*, 20, 45~49.

[184] Tzelgov, J. , Henik, A. , Sneg, R. , & Baruch, O. (1996). Unintentional word reading via the phonological route: the Stroop effect with cross – script homophones. *Journal of Experimental Psychology: Learning, Memory, and Cognition*, 22, 336~349.

[185] Valdes–Sosa, M. , Gonzalez, A. , Liu, X. , & Zhang, X. (1993). Brain potentials in a phonological matching task using Chinese characters. *Neuropsychologia*, 31, 853~864.

[186] Van Orden, G. C. (1987). A ROWS is a ROSE: Spelling, sound and reading. *Memory & Cognition*, 15 (181~198).

[187] Van Orden, G. C. , & Goldinger, S. D. (1994). Interdependence of Form and Function in Cognitive Systems Explains perception of printed Words. *Journal of Experimental psychology – Human perception and performance*, 20 (6), 1269~1291.

[188] Van Orden, G. C. , Johnston, J. C. , & Hale, B. L. (1988). Word Identification in Reading proceeds from Spelling to Sound to Meaning. *Journal of Experimental psychology – Learning Memory and Cognition*, 14 (3), 371~386.

[189] Van Orden, G. C. , Stone, G. O. , & Pennington, B. F. (1990). Word Identification in Reading and the promise of Subsymbolic psycholinguistics. *Psychological Review*, 97 (4), 488~522.

[190] Van Veen, V. , & Carter, C. S. (2005). Separating semantic conflict and response conflict in the Stroop task: A functional MRI study. *NeuroImage*, 32 (1), 248~255.

[191] Verstaen, A. , Humphreys, G. , Olson, A. , & D'Ydewalle,

G. (1995). Are phonemic effects in backward masking evidence for automatic prelexical phonemic activation in visual word recognition? *Journal of Memory & Language*, 34, 335~356.

[192] Weekes, B. S. , Chen, M. J. , & Lin, Y. B. (1998). Differential effects of phonological priming on Chinese character recognition. *Reading and Writing*, 10 (3~5), 201~222.

[193] Wong, K. F. , (2000). The time course of semantic activation in reading Chinese two – character words. Thesis submitted to The Chinese University of Hong Kong.

[194] Wong, K. F. , & Chen, H. C. (1999). Orthographic and phonological processing in reading Chinese text: evidence from eye fixations. *Language and Cognitive processes*, 14, 461~480.

[195] Wu, J. T. , & Liu, I. M. (1996). Chinese lexical access. In M. H. Bond (Ed.), *Handbook of Chinese psychology* (pp. 30~42). Hong Kong: Oxford University press.

[196] Xi, Y. X. (1979). The phonetic cuing function of the Chinese character. *The Chinese Language*, 5, 29~33.

[197] Xu, Y. , Pollatsek, A. , &potter, M. (1999). The activation of phonology during silent Chinese word reading. *Journal of Experimental psychology: Learning, Memory, and Cognition*, 25, 838~857.

[198] Zhang, B. Y. , & Peng, D. – L. (1992). Decomposed storage in Chinese lexicon (pp. 131~149). In H. – C. Chen, & O. J. L. Tzeng (Eds.). Language processing in Chinese. Amsterdam: North – Holland.

[199] Zhang, S. L. , Perfetti, C. A. , & Yang, H. (1999).

Whole word, frequency – general phonology in semantic processing of Chinese characters. *Journal of Experimental psychology – Learning Memory and Cognition*, 25 (4), 858 ~ 875.

[200] Zhang, W. T., Feng, L., & He, H. D. (1994). The activation of phonological and semantic information in Chinese character recognition. In: H. – W. Chang, J. – T. Huang, C. – W. Hue & O. J. L. Tzeng (eds.), Advances in the study of Chinese language processing (pp. 185 ~ 198). Taiwan: National Taiwan University (in Chinese).

[201] Zhang, Q, Zhang, J – X. & Kong, L. (2009) An ERP study on the time course of phonological and semantic activation in Chinese word recognition. *International Journal of Psychophysiology*, 73, 235 ~ 245.

[202] Zhou, X., & Marslen – Wilson, W. (1999). Phonology, orthography, and semantic activation in reading Chinese. *Journal of Memory & Language*, 41 (4), 579 ~ 606.

[203] Zhou, X., & Marslen – Wilson, W. (2000). The relative time course of semantic and phonological activation in reading Chinese. *Journal of Experimental psychology: Learning, Memory, & Cognition*, 26 (5), 1245 ~ 1265.

[204] Zhou, X., Marslen – Wilson, W., Taft, M., & Shu, H. (1999). Morphology, orthography, and phonology in reading Chinese compound words. Language & Cognitive processes. Special processing East Asian languages, 14 (5 – 6), 525 ~ 565.

[205] Zhou, X., Shu, H., Bi, Y., & Shi, D. (1999). Is there phonologically mediated access to lexical semantics in reading Chinese? In

A. W. I. J. Wang (Ed.), *Reading Chinese script: A cognitive analysis* (pp. 135 ~ 171). Mahwah, NJ, US: Lawrence Erlbaum Associates publishers.

[206] Zhou, X., Wu, N., & Shu, H. (1998). The relative time course of phonological and semantic activation in reading Chinese: Evidence from child development. *Psychological Science (China)*, 21 (6), 498 ~ 501.

[207] Zhu, X. (1988). Xiandai hanzi xingshengzi shengpang biaoyin gongneng de fenxi (Analyses of the cueing function of the phonetic in Modern Chinese). In X. Yuan (Ed.), *Proceedings of the Symposium on the Chinese Language and Characters* (pp. 260 ~ 288). Beijing, China: Guang Ming Dailypress.

[208] Ziegler, J. C., Benraiss, A., & Besson, M. (1999). From print to meaning: An electrophysiological investigation of the role of phonology in accessing word meaning. *Psychophysiology*, 36, 775 ~ 785.

[209] Ziegler, J. C., Perry, C., Jacobs, A. M., & Braun, M. (2001). Identical words are read differently in different languages. *Psychological Science*, 12, 379 ~ 384.

二、中文参考文献

[1] 高立群、孟凌（2000）外国留学生汉语阅读中形、音信息对汉字辨认的影响，《世界汉语教学》第 4 期，67 ~ 76。

[2] 江新（2003）不同母语背景的外国学生汉字知音和知义关系的研究，《语言教学与研究》第 4 期。

[3] 江新（2004）中级阶段日韩学生汉语阅读中字形和字音的作

用，见赵金铭主编《汉语口语和书面语教学》，北京：北京大学出版社。

[4] 江新（2005）中级阶段欧美学生汉语阅读中字形和字音的作用，见周小兵、宁波永波主编《对外汉语阅读研究》，北京：北京大学出版社。

[5] 罗跃嘉、魏景汉（1997）跨通路识别汉字形音的偏差相关成分研究，《心理学报》，第4期。

[6] 罗跃嘉、魏景汉（1998）中西文的事件相关电位N400研究现状，《心理学动态》第3期。

[7] 罗跃嘉等（2001）汉字视听再认的ERP效应与记忆提取脑机制，《心理学报》第6期。

[8] 张武田（1988）汉字词匹配的偏侧化效应和事件相关脑电位，《心理学报》第4期。

[9] 张学新（2011）汉字拼义理论：心理学对汉字本质的新定性。《华南师范大学学报》（社科版），4，5~13。

[10] 张学新，方卓，杜英春，孔令跃，张钦，邢强（2012）顶中区N200：一个中文视觉词汇识别特有的脑电反应，《科学通报》，57，332~347。

[11] 周晓林，柏晓利，舒华，等. 非语义性命名障碍——一个认知神经心理学的个案研究. 心理科学，1999，22（4）：289~292。

附录 1

语音中介范式研究使用实验材料（第三章第二节）

启动字					目标字	启动字					目标字
高频语义	高频同音	高频控制	低频同音	低频控制		低频语义	高频同音	高频控制	低频同音	低频控制	
有	友	叉	莠	硒	无	锹	悄	甚	跷	蕉	铲
插	叉	夏	硒	厦	戳	肾	甚	悄	蜃	裆	肺
下	夏	碎	厦	祟	上	眺	跳	河	粜	彗	望
动	洞	友	栋	莠	静	夺	搭	绘	裆	阁	垂
不	部	基	簿	缁	否	觅	蜜	灵	幂	绫	寻
岁	碎	负	祟	驷	年	钝	顿	隆	遁	珑	利
长	常	雨	徜	庚	短	聋	隆	蜜	珑	酽	哑
高	膏	木	羔	沐	低	拙	灼	跳	酽	遁	笨
父	负	常	驷	徜	子	聆	灵	骄	绫	幂	听
击	基	洞	缁	栋	打	涸	河	顿	阁	粜	干
目	木	部	沐	簿	眼	讳	绘	灼	彗	蜃	忌
与	雨	膏	庚	羔	和	蛟	骄	搭	跷	酽	龙
吃	哧	息	嗤	昔	食	啃	恳	升	垦	珂	咬
东	冬	效	氡	孝	西	赎	熟	葵	塾	陛	换
笑	效	工	孝	躬	哭	窥	葵	触	魁	铂	瞅
敌	笛	甘	嫡	柑	友	蜕	退	置	裼	窒	脱
眼	演	冬	衍	氡	目	甥	升	缠	笙	逸	舅

202

续表

启动字					目标字	启动字					目标字
高频语义	高频同音	高频控制	低频同音	低频控制		低频语义	高频同音	高频控制	低频同音	低频控制	
矛	毛	演	牦	衍	枪	忕	触	退	撂	凫	惊
干	甘	音	柑	殷	湿	禅	缠	除	诶	撂	佛
公	工	唻	躬	嘡	私	雏	除	脖	凫	褪	幼
立	历	笛	俐	嫡	站	炙	置	棵	窒	塾	热
和	河	毛	领	牦	分	帛	脖	壁	铂	魁	棉
西	息	历	昔	俐	东	婢	壁	熟	陛	笙	奴
因	音	河	殷	领	果	窠	棵	恳	珂	垦	穴
难	南	挫	楠	锉	易	踵	肿	稳	冢	笈	脚
爱	碍	执	隘	侄	恨	悚	耸	播	怂	沏	怕
错	挫	颂	锉	宋	对	闩	拴	迅	栓	晤	锁
送	颂	坛	宋	昙	迎	刎	稳	耸	紊	逊	割
直	执	煤	侄	莓	弯	剁	柜	旅	桂	屡	杀
近	进	碍	烬	隘	远	钵	播	柜	菠	睦	盆
晚	碗	委	宛	萎	早	侣	旅	拴	屡	菠	伴
谈	坛	挽	昙	宛	讲	殉	迅	肩	逊	桂	死
没	煤	事	莓	嗜	有	暮	牧	漆	睦	紊	朝
是	事	南	嗜	楠	否	俭	肩	肿	笈	栓	省
壁	必	进	痹	烬	墙	栖	漆	误	沏	怂	息
尾	委	必	萎	痹	头	勿	误	牧	晤	冢	不
母	亩	霜	牡	孀	妈	窖	较	欠	酵	缮	洞
答	达	亩	靼	牡	应	倩	欠	匠	堑	熙	美
双	霜	达	孀	靼	单	藕	偶	腰	呕	藉	莲
往	网	洋	惘	佯	去	绛	匠	扇	糨	兹	红
赶	感	刻	秆	尅	追	夭	腰	笔	幺	燎	亡
客	刻	网	尅	惘	宾	赡	扇	惜	缮	炽	养

203

续表

启动字					目标字	启动字					目标字
高频语义	高频同音	高频控制	低频同音	低频控制		低频语义	高频同音	高频控制	低频同音	低频控制	
阳	洋	书	佯	抒	阴	匕	笔	较	秕	幺	刀
旧	就	敢	臼	秆	新	叱	翅	即	炽	秕	骂
浮	服	于	芙	逾	沉	寥	疗	偶	嫽	糯	少
静	竟	服	痉	芙	吵	咨	姿	翅	兹	呕	询
叔	书	就	抒	臼	婶	嬉	惜	疗	熙	堃	闹
余	于	竟	逾	痉	剩	瘠	即	姿	藉	酵	贫
弯	湾	田	豌	恬	直	叩	扣	料	蔻	莹	敲
哀	埃	湾	艾	豌	悲	撂	料	肃	镣	睫	丢
甜	田	据	恬	踞	苦	皿	敏	居	泯	侥	器
瞎	虾	仪	呷	夷	盲	衾	侵	扣	钦	畸	被
右	又	微	囿	薇	左	掬	居	促	狙	黛	捧
故	顾	埃	锢	艾	旧	粟	肃	袋	簌	猝	谷
危	微	顿	薇	炖	安	蹴	促	敏	猝	簌	踢
盾	顿	又	炖	囿	矛	殆	袋	搅	黛	狙	危
鞋	协	虾	谐	恬	袜	缉	鸡	侵	畸	钦	捉
林	临	顾	嶙	锢	木	矫	搅	鸡	侥	泯	改
巨	据	协	踞	谐	大	拮	截	迎	睫	蔻	穷
移	仪	临	夷	嶙	动	赢	迎	截	莹	镣	输

附录 2

同音字激活研究实验一和实验二实验材料（第三章第三节）

高频启动字	目标字				低频启动字	目标字			
	高频	高频控制	低频	低频控制		高频	高频控制	低频	低频控制
动	洞	般	栋	诟	刎	稳	秋	絭	夷
笑	效	窗	孝	卦	啃	恳	料	垦	腊
危	微	表	薇	楠	绛	匠	礼	糨	彷
封	风	宇	枫	铭	肾	甚	信	蜃	尉
食	十	合	鲥	痔	偎	微	剥	薇	逾
香	乡	朗	湘	峥	赡	扇	止	缮	寝
长	常	演	徜	驸	墅	数	设	漱	镰
私	司	许	厮	撵	拙	灼	选	酌	鹤
静	竟	确	痊	陛	叱	翅	搞	炽	髓
浮	服	虽	芙	彬	戮	路	桌	赂	菊
击	基	本	缉	痘	聆	灵	征	绫	驿
西	息	队	昔	狻	拮	截	扁	睫	鳄
母	亩	军	牡	奕	缄	坚	附	槛	硕
林	临	伙	嶙	器	翔	详	扫	祥	禅
绿	虑	吞	滤	涩	侃	砍	接	坎	傀
江	将	场	姜	钦	匕	笔	溉	秕	券
仇	愁	授	惆	肴	掬	居	略	狙	诟

205

续表

高频启动字	目标字				低频启动字	目标字			
	高频	高频控制	低频低频控制			高频	高频控制	低频	低频控制
借	界	起	诫	荧	晾	亮	窗	跟	卦
古	股	猜	鹄	炫	贷	带	表	殆	楠
瞧	桥	以	侨	苔	甥	声	宇	笙	铭
凭	平	势	坪	廷	夭	腰	合	幺	痔
旱	汉	友	翰	溺	婢	壁	朗	陛	峥
因	音	石	殷	衷	蛟	骄	演	蕉	驸
筑	住	第	箸	铐	炙	志	法	窒	攥
壁	必	遇	痹	慷	窠	棵	确	珂	陛
有	友	呢	莠	郡	帏	围	虽	桅	彬
东	冬	总	氡	渲	赎	熟	突	塾	痘
难	南	冲	楠	绫	窖	较	钱	醛	狻
疲	脾	天	毗	贾	撂	料	转	镣	奕
盾	顿	巴	炖	赃	惮	蛋	控	氮	怂
亮	量	艰	踉	簧	粟	速	吞	簌	涩
眼	演	革	衍	惚	怵	触	跃	搐	钦
晨	尘	皇	忱	皆	皆	街	授	秸	肴
岁	碎	求	崇	焚	赢	营	禁	萦	荧
瘦	受	斜	狩	娟	箍	姑	隶	沽	炫
矛	毛	排	牦	羔	黍	鼠	眯	蜀	苔
目	木	但	沐	沌	涸	合	够	阖	廷
输	叔	哇	淑	湘	婿	序	友	旭	溺
留	流	象	浏	净	蜕	退	涌	褪	衷
柜	贵	期	刿	赐	锹	悄	诗	跷	铐
年	黏	麻	鲇	伫	牵	搭	遇	褡	慷
甜	田	消	恬	贬	钝	顿	丧	遁	郡
饭	犯	另	梵	勋	殉	迅	滑	逊	渲

续表

高频启动字	目标字				低频启动字	目标字			
	高频	高频控制	低频	低频控制		高频	高频控制	低频	低频控制
公	工	甲	躬	敛	雏	除	显	刍	绫
直	执	扩	侄	苞	寺	四	空	祀	栋
旧	就	度	臼	柠	柑	干	巴	尴	赃
哥	割	哼	鸽	枳	暮	木	伙	睦	簧
齿	尺	介	佟	芹	帛	脖	期	铂	惚
阳	洋	秋	佯	夷	缉	鸡	星	畸	皆
近	进	料	烬	腊	矫	脚	求	侥	焚
余	于	礼	逾	彷	踵	肿	蜡	冢	娟
喜	洗	信	铣	尉	皿	敏	排	泯	羔
答	达	剥	靼	逾	侣	旅	逃	屡	沌
纯	唇	止	淳	寝	刽	柜	醉	桂	湘
晚	碗	设	宛	镰	朱	猪	球	潴	净
停	庭	选	霆	鹤	觅	蜜	板	幂	癫
孤	姑	星	轱	彗	噙	勤	麻	芹	佝
赶	感	桌	秆	菊	佃	店	消	坫	贬
右	又	密	囿	驿	蹴	促	另	猝	勋
鞋	协	缘	谐	鳄	叨	雕	甲	凋	敛
末	默	附	蓦	硕	瘠	即	扩	藉	苞
和	河	些	颌	禅	宦	换	急	浣	柠
叔	书	接	抒	佟	嬉	息	哼	汐	枳
客	刻	锋	尅	券	俭	简	介	笺	芹

附录 3

同音字激活研究实验三实验材料（第三章第三节）

高频启动字	目标字			低频启动字	目标字		
	低频形似	低频形异	低频控制		低频形似	低频形异	低频控制
安	鞍	谙	佬	馋	逸	禅	肋
壁	璧	愎	妾	刍	雏	橱	勋
博	礴	鹁	匡	谍	喋	迭	眸
绸	惆	畴	惘	簧	潢	徨	泗
袋	贷	殆	浏	搪	唐	棠	潋
蜂	烽	枫	罕	箫	萧	霄	荞
隔	嗝	蛤	鸥	胰	夷	贻	鸿
旱	捍	翰	凯	枷	伽	嘉	叩
红	虹	泓	契	俭	睑	柬	肮
饥	叽	羁	蚤	涓	娟	镌	菠
技	妓	稷	悻	骏	竣	郡	瘟
戒	诫	芥	窥	缭	嘹	寥	妞
惊	京	荆	觅	玲	伶	聆	靶
林	琳	粼	疹	鹿	辘	赂	妆
毛	牦	锚	烹	腼	缅	冕	谛
膜	馍	摹	谩	抿	泯	悯	辖
幕	暮	沐	仁	侨	乔	憔	萎

208

续表

高频启动字	目标字			低频启动字	目标字		
	低频形似	低频形异	低频控制		低频形似	低频形异	低频控制
纳	呐	娜	狰	擒	噙	芹	焉
膨	澎	硼	栎	宛	惋	娩	脓
伸	呻	娠	掳	蔚	尉	魏	兹
叔	淑	抒	涵	梧	吾	毋	褒
铜	桐	瞳	羚	佯	徉	疡	崽
悟	晤	勿	鼎	谐	偕	撷	漕
箱	湘	襄	绫	朱	诛	潴	怆

附录 4

汉字音义激活时程 ERP 研究所用实验材料

启动字			目标字	启动字			目标字
同音	语义相关	控制		同音	语义相关	控制	
基	打	理	击	苞	贬	翱	褒
洗	欢	窗	喜	谗	梵	肾	禅
微	险	表	危	绌	惮	枷	怵
将	河	场	江	囤	拙	眺	钝
桥	看	以	瞧	篙	崽	贷	羔
顾	旧	军	故	贿	诟	箍	秽
住	建	第	筑	稷	诫	奄	忌
必	墙	遇	壁	赁	抠	觅	吝
演	目	革	眼	銮	岳	佃	恋
含	冷	星	寒	焖	忿	叼	懑
礼	内	介	里	铭	黯	俭	冥
利	美	天	丽	堑	妍	啃	倩
律	青	确	绿	赊	糜	偎	奢
叔	败	累	输	蜀	粟	翔	黍
例	站	期	立	怂	骇	窨	悚
煤	无	呢	没	妮	蔫	撂	萎
罢	父	靠	爸	辖	疵	赢	瑕
音	源	默	因	贤	淑	聋	娴

210

续表

启动字			目标字	启动字			目标字
同音	语义相关	控制		同音	语义相关	控制	
碎	年	求	岁	龈	骚	暮	淫
毛	枪	排	矛	潴	彤	矫	朱
犯	食	另	饭	绷	塌	蠕	崩
十	吃	合	食	瘦	龟	桑	鳖
达	应	次	答	徜	赔	鲲	偿
族	脚	型	足	嘲	穴	刹	巢
权	总	金	全	巢	讽	杉	嘲
之	懂	势	知	绸	薪	蹒	酬
经	慌	友	惊	雌	仁	捎	慈
级	快	附	急	蚪	峻	申	陡
现	丝	尾	线	遁	煮	绅	炖
于	剩	拖	余	伐	惩	慎	罚
灰	舞	短	挥	梏	佣	甥	雇
前	财	单	钱	剐	罕	狮	寡
查	观	存	察	棘	祸	叨	吉
又	左	密	右	鉴	卑	碟	贱
河	分	艰	和	酱	丹	豫	绛
洋	阴	秋	阳	捷	掳	峨	劫
进	远	料	近	鞠	逮	鹅	拘
执	弯	扩	直	锯	皆	妨	俱
流	停	象	留	眷	怠	枫	倦
事	否	剥	是	郡	帅	帚	俊
服	沉	虽	浮	叩	贼	蝠	寇
难	女	起	男	莲	贪	斧	廉
南	易	冲	难	辽	侃	嘎	聊
顿	矛	巴	盾	玲	墓	缸	陵
歌	姐	消	哥	贸	旺	鸽	茂

211

续表

启动字			目标字	启动字			目标字
同音	语义相关	控制		同音	语义相关	控制	
液	根	姑	叶	谦	挪	哽	迁
家	增	许	加	歉	镶	菇	嵌
房	攻	界	防	窃	畏	冠	怯
趣	来	公	去	乳	耻	瑰	辱
化	写	工	画	崽	屠	夭	宰
中	完	各	终	氏	俸	嗅	侍
宝	护	部	保	誓	殒	玄	逝
息	东	跟	西	竖	憎	殉	恕
洞	静	般	动	伺	僧	押	寺
待	包	借	袋	饲	祭	檐	祀
名	亮	把	明	蜕	卸	奄	裉
守	头	田	首	霞	窄	谚	狭
碗	早	设	晚	孟	痴	痒	愚
感	追	桌	赶	闸	碾	妖	轧
书	婶	接	叔	昼	诋	嬉	咒

附录 5

汉字语音加工与 P200 关系研究实验材料（第五章）

启动字			目标字	启动字			目标字
同音字	同韵字	控制		同音字	同韵字	控制	
搔	碌	钦	怵	剐	耍	狮	寡
雌	膝	捎	慈	藉	契	苞	瘠
猝	蓄	勋	蹴	狙	辜	诟	掬
褡	讶	慷	耷	锯	雇	妨	俱
殆	籁	楠	贷	郡	逊	帚	俊
氮	滥	丛	惮	坎	秆	侥	侃
玷	钱	贬	佃	辽	酹	嘎	聊
凋	椒	敛	叼	赁	悯	觅	吝
蚪	寇	谚	陡	玲	铭	缸	陵
苞	吆	翱	褒	贸	藻	鸽	茂
炽	秩	髓	叱	谦	锹	哽	迁
酌	掇	鹤	拙	歉	涧	菇	嵌
遁	碌	绅	炖	堑	羡	啃	倩
伐	驮	慎	罚	窃	蟹	冠	怯
尴	裆	赃	柑	乳	橹	瑰	辱
篙	蒿	贷	羔	赊	鸽	偎	奢
沽	戮	炫	箍	怂	董	窖	悚
桂	邃	湘	刽	蜕	璀	奄	褪

续表

启动字			目标字	启动字			目标字
同音字	同韵字	控制		同音字	同韵字	控制	
阆	骐	廷	涸	陛	溪	峥	婢
秸	楔	肴	皆	瘪	泄	桑	鳖
捷	携	峨	劫	谗	沾	肾	禅
涣	眷	柠	宦	巢	皂	杉	嘲
贿	溃	箍	秽	绸	嗽	蹦	酬
稷	谛	牟	忌	祥	僵	禅	翔
笺	碘	芹	俭	旭	俯	溺	婿
醉	摺	狈	窖	绌	署	枷	怵
睫	缅	鳄	拮	紊	焚	夷	刎
鉴	奠	碟	贱	畸	黎	皆	缉
饲	悖	檐	祀	逊	伦	渲	殉
槛	疸	硕	缄	蕉	寥	驸	蛟
酱	跟	豫	绛	珂	鹤	陛	窠
闸	兕	妖	轧	垦	亘	腊	啃
侥	潦	焚	矫	莲	巅	斧	廉
叩	诱	蝠	寇	铭	杏	俭	冥
桔	恤	甥	雇	竖	储	殉	恕

214

附录 6

汉字字形与亚词汇语音与 P200 关系研究所用实验材料（第六章）

独体字对		独体控制字对		合体字对		合体控制字对	
白	自	刀	米	持	特	多	都
币	巾	办	必	穿	呀	外	机
才	寸	丰	日	吹	次	等	对
永	水	心	三	待	持	种	战
干	千	山	月	读	续	做	吧
瓜	爪	立	无	肚	社	同	点
广	厂	年	工	纪	配	样	体
果	早	小	用	讲	进	果	提
东	车	内	书	近	听	题	争
平	乎	世	系	就	惊	花	亲
甲	由	农	者	决	快	记	难
斤	斥	女	斗	扩	矿	早	每
巨	臣	飞	石	惊	凉	料	神
马	乌	与	火	基	期	团	照
末	未	片	八	奇	河	刚	卖
目	且	久	虫	秋	伙	类	至
牛	午	乡	严	缺	块	调	集
升	井	乐	毛	却	法	画	怕
尸	户	卫	皮	没	设	阳	忙

续表

独体字对		独体控制字对		合体字对		合体控制字对	
术	木	元	鱼	牲	姓	冲	帮
土	士	占	父	胜	性	掉	穿
丸	九	少	求	策	速	床	坏
见	贝	巴	甚	什	计	翻	除
王	玉	史	买	室	屋	菜	达
田	曲	耳	互	跃	笑	换	钢
羊	手	束	及	仍	奶	笔	般
真	直	良	入	图	终	供	投
重	垂	牙	亡	招	超	富	护
五	正	承	支	往	住	副	徒
大	太	丈	丹	位	拉	忘	周
己	已	身	布	规	现	余	钟
儿	几	尺	甩	叶	针	洞	诗
万	方	文	七	作	怎	香	林
击	出	业	门	杂	究	怀	致
尤	龙	气	之	睁	净	哩	课

附录 7

汉字规则性与 P200 关系研究所用实验材料（第六章）

规则字对		不规则字对		控制字对	
狈	钡	坳	拗	踌	祷
脖	勃	嗷	廒	咄	绌
螬	嘈	镖	膘	醋	腊
娟	狷	澄	橙	讹	靴
裆	铛	稠	惆	妃	忌
蝠	辐	炖	钝	皈	贩
倌	棺	跺	剁	瑰	槐
咣	胱	俄	鹅	拘	佝
瑚	蝴	哽	梗	坎	炊
涣	焕	鲠	埂	酶	侮
磺	潢	晦	海	揪	锹
洄	蛔	叽	讥	皱	趋
娟	涓	倨	踞	儒	懦
鹃	绢	抉	诀	珊	栅
竣	骏	凯	铠	淑	椒
莉	俐	垮	侉	粟	贾
鲢	涟	胯	挎	湍	惴
翎	冽	脍	侩	桅	诡
凌	陵	谅	晾	辖	嗜

217

续表

规则字对		不规则字对		控制字对	
猡	锣	鸾	銮	焰	掐
笒	萝	魅	昧	邪	雅
仞	纫	泯	抿	谐	楷
砷	呻	衲	钠	旭	鸠
肽	汰	纳	呐	驿	泽
镗	膛	钮	忸	斟	勘
舷	弦	抨	砰	冶	雏
厢	湘	壤	嚷	峦	蛮
惺	腥	鳃	腮	蜗	祸
蚜	伢	侍	恃	斟	勘
淹	腌	嗖	艘	蹊	慑
荧	莹	饨	沌	腚	绽
帻	啧	坨	沱	妩	抚
峥	狰	鸵	跎	杜	灶
症	怔	炫	眩	搏	缚
蛛	诛	峪	浴	哆	侈

218